UN BESO
PARA CADA DÍA

77 DÍAS EN EL AMOR DE DIOS

JAMIE LASH

PUBLICACIONES

CASA
CREACIÓN®

Un beso para cada día
por Jamie Lash
Publicado por Publicaciones Casa Creación
Una división de Strang Communications Company
600 Rinehart Road
Lake Mary, Florida 32746
www.casacreacion.com

Los textos bíblicos han sido tomados de la Santa Biblia, versión Reina-Valera, revisión 1960.

Con el fin de darle un poco más de sabor judío, se ha sustituido libremente el nombre de Jesús por su nombre hebreo *Yeshúa* en la mayoría de las citas de las Escrituras. De forma similar, se ha sustituido la palabra Cristo por *Mesías* ya que ambas significan: El Ungido.

Este libro fue publicado originalmente en inglés con el título: *A Kiss A Day* por Ebed Publications, Hagerstown, Maryland.
Copyright © 1996 por Jamie Lash.
Todos los derechos reservados.

Traducido y editado por PICA Y 6 PUNTOS con la colaboración de Salvador Eguiarte D.G. (traducción) y Elsa Galán de Poceros (edición)

Diseño interior por: Lillian L. McAnally
Diseño de portada por: Ed Hernández

ISBN: 0-88419-990-8
Impreso en los Estados Unidos de América

03 04 05 06 07 08 09 ❖ BP ❖ 8 7 6 5 4 3 2

Reconocimientos

Agradezco profundamente a las muchas personas que han ayudado a hacer este libro una realidad: a los fieles patrocinadores y personal de *Love Song to the Messiah* (Canción de amor a *Mesías*), a nuestras maravillosas "Rosas de oración" y a las "novias" en todo el país. Todos me han animado en mi búsqueda de Dios y en mis esfuerzos por escribir acerca del amor nupcial. Mi visión de la Novia de *Mesías* y lo que verdaderamente significa amar a Dios fue nutrida y ampliada por los escritos de Basilea Schlink y sus maravillosos colaboradores. Que el Señor recompense ricamente a cada uno de los que me han ayudado a lo largo del camino.

Agradezco especialmente al profesor Timothy Rohde, Marty Koelner, Carol Washburn, Martha Barkman y Ted Dallow por su ayuda para afinar el manuscrito.

Por último, pero no menos importante, agradezco a Dios por mi esposo, Neil, quien me ama como *Mesías* ama a Su novia y quien me ha animado constantemente para invertir mis talentos en el Reino de Dios.

Prefacio

Este devocional diario está escrito con una meta en mente: atraerle a usted al amor de Dios. Vivimos en una época en que la iniquidad abunda, días mencionados en las Escrituras en los cuales el amor de muchos se enfriaría: el amor a Dios, amor a la familia, amor a los amigos, amor al país y amor a los extraños, almas que posiblemente nunca han escuchado las buenas nuevas del *Mesías*, Jesús.

¡La llama del amor debe ser encendida nuevamente! La chispa se encuentra en nuestra relación con Aquel que nos amó tanto que dio Su vida por nosotros. Yo le llamo por Su nombre hebreo: *Yeshúa*, nombre por el cual fue conocido de niño en Nazaret y más tarde como maestro en toda la tierra de Israel. Posiblemente usted está acostumbrado a Su nombre en español: Jesús. Ambos nombres serán usados en este devocional.

Yeshúa y su relación con el alma individual por la que Él murió (conocida colectivamente como la novia de *Mesías*) es el tema de un pequeño libro de sólo ocho capítulos en el centro de la Biblia. En inglés su nombre se traduce *La canción de Salomón*. En hebreo, su nombre es *Cantar de los Cantares*; por cierto, es el que yo prefiero.

El *Cantar de los Cantares* ha sido uno de los libros favoritos del pueblo judío desde hace mucho tiempo. Es uno de los cinco *megillot* o rollos en el judaísmo tradicional y se lee cada *Shabat* y en *Pésaj* en los hogares de los judíos practicantes. Muchos judíos tienen un versículo del *Cantar de los Cantares* grabado en sus anillos de matrimonio. Los judíos consideran que este libro es una historia de amor acerca de Dios y Su pueblo Israel.

Por lo tanto tenemos dos historias de amor, dos pueblos de pacto, un Dios y un libro de la Biblia que ha sido casi un misterio a través de las edades de la Iglesia. Así lo evidencia la escasa mención de él, a pesar de tener escrituras como la de 2 Timoteo 3:16, que declara que *toda* la Escritura es inspirada por Dios para que el hombre de Dios sea perfecto. ¿Por qué se ha ignorado este libro? Porque es el libro más difícil de interpretar del Antiguo Testamento, probablemente el más difícil de toda la Biblia. No existen tantas diferencias de opiniones ni tal variedad de interpretaciones respecto a ningún otro libro.

Mi interpretación es muy parecida a las primeras interpretaciones del *Cantar* que prevalecieron en los círculos cristianos y judíos durante muchos siglos; sin embargo, siempre habrá una tremenda variedad cuando se trata de interpretar versículos individuales, porque este libro tiene un elemento de subjetividad ordenada divinamente. Por favor utilice mi análisis como un trampolín para la propia revelación que Dios le dé. Este es un libro intensamente personal, ¡acerca de usted y Yeshúa!

Un viaje diario a través de los capítulos 1 y 2 del *Cantar de los Cantares* le ayudará a crecer hacia la madurez espiritual y a una relación más cercana con el Señor. Usted explorará las profundidades y alturas de Su amor. Usted experimentará la preciosa unión y comunión con el Amado. Su corazón será adornado con amor de novia para el Rey de reyes y Señor de señores. Finalmente, usted tendrá un banquete de carne espiritual que le ayudará a prepararse, como parte de la Novia de *Mesías*, para estar listo y sin mancha cuando *Yeshúa* vuelva para llevarle a casa.

¿Ha sido el *Cantar de los Cantares* un libro sellado para usted? Este es el tiempo en el cual Dios quiere darle la llave para abrirlo, un versículo a la vez, incluso una frase a la vez. ¡Logrará alcanzar un mayor crecimiento espiritual y madurez, así como una revelación más profunda del amor de Dios hacia *usted*, a medida que entre en él!

Cantar de los Cantares de Salomón

Capítulo 1

LA ESPOSA Y LAS HIJAS DE JERUSALÉN

1:1 *Cantar de los cantares, el cual es de Salomón.*
1:2 *¡Oh, si él me besara con besos de su boca!*
Porque mejores son tus amores que el vino.
1:3 *A más del olor de tus suaves ungüentos,*
Tu nombre es como ungüento derramado;
Por eso las doncellas te aman.
1:4 *Atráeme; en pos de ti correremos.*
El rey me ha metido en sus cámaras;
Nos gozaremos y alegraremos en ti;
Nos acordaremos de tus amores más que del vino;
Con razón te aman.
1:5 *Morena soy, oh hijas de Jerusalén, pero codiciable*
Como las tiendas de Cedar;
Como las cortinas de Salomón.
1:6 *No reparéis en que soy morena,*
Porque el sol me miró.
Los hijos de mi madre se airaron contra mí;
Me pusieron a guardar las viñas;
Y mi viña, que era mía, no guardé.
1:7 *Hazme saber, oh tú a quien ama mi alma,*
Dónde apacientas, dónde sesteas al mediodía;
Pues ¿por qué había de estar yo como errante
Junto a los rebaños de tus compañeros?

1:8 *Si tú no lo sabes, oh hermosa entre las mujeres,*
   Ve, sigue las huellas del rebaño,
   Y apacienta tus cabritas junto a las cabañas de los
      pastores.

LA ESPOSA Y EL ESPOSO

1:9 *A yegua de los carros de Faraón*
   Te he comparado, amiga mía.
1:10 *Hermosas son tus mejillas entre los pendientes,*
   Tu cuello entre los collares.
1:11 *Zarcillos de oro te haremos,*
   Tachonados de plata.
1:12 *Mientras el rey estaba en su reclinatorio,*
   Mi nardo dio su olor.

1:13 *Mi amado es para mí un manojito de mirra,*
   Que reposa entre mis pechos.
1:14 *Racimo de flores de alheña en las viñas de En-gadi*
   Es para mí mi amado.
1:15 *He aquí que tú eres hermosa, amiga mía;*
   He aquí eres bella; tus ojos son como palomas.
1:16 *He aquí que tú eres hermoso, amado mío, y dulce;*
   Nuestro lecho es de flores.
1:17 *Las vigas de nuestra casa son de cedro,*
   Y de ciprés los artesonados.

Capítulo 2

2:1 *Yo soy la rosa de Sarón,*
   Y el lirio de los valles.
2:2 *Como el lirio entre los espinos,*
   Así es mi amiga entre las doncellas.
2:3 *Como el manzano entre los árboles silvestres,*
   Así es mi amado entre los jóvenes;
   Bajo la sombra del deseado me senté,
   Y su fruto fue dulce a mi paladar.
2:4 *Me llevó a la casa del banquete,*
   Y su bandera sobre mí fue amor.
2:5 *Sustentadme con pasas, confortadme con manzanas;*

Porque estoy enferma de amor.
2:6 Su izquierda esté debajo de mi cabeza,
Y su derecha me abrace.
2:7 Yo os conjuro, oh doncellas de Jerusalén,
Por los corzos y por las ciervas del campo,
Que no despertéis ni hagáis velar al amor,
Hasta que quiera.
2:8 ¡La voz de mi amado! He aquí él viene
Saltando sobre los montes,
Brincando sobre los collados.
2:9 Mi amado es semejante al corzo,
O al cervatillo.
Helo aquí, está tras nuestra pared,
Mirando por las ventanas,
Atisbando por las celosías.
2:10 Mi amado habló, y me dijo:
Levántate, oh amiga mía, hermosa mía, y ven.
2:11 Porque he aquí ha pasado el invierno,
Se ha mudado, la lluvia se fue;
2:12 Se han mostrado las flores en la tierra,
El tiempo de la canción ha venido,
Y en nuestro país se ha oído la voz de la tórtola.
2:13 La higuera ha echado sus higos,
Y las vides en cierne dieron olor;
Levántate, oh amiga mía, hermosa mía, y ven.
2:14 Paloma mía, que estás en los agujeros de la peña,
en lo escondido de escarpados parajes,
Muéstrame tu rostro, hazme oír tu voz;
Porque dulce es la voz tuya, y hermoso tu aspecto.
2:15 Cazadnos las zorras, las zorras pequeñas, que
echan a perder las viñas;
Porque nuestras viñas están en cierne.
2:16 Mi amado es mío, y yo suya;
El apacienta entre lirios.
2:17 Hasta que apunte el día, y huyan las sombras,
Vuélvete, amado mío; sé semejante al corzo, o como el
cervatillo
Sobre los montes de Beter.

Acerca de las divisiones del texto

En total hay ocho capítulos en el *Cantar de los Cantares*. A través de los años, estudiosos de la Biblia han propuesto varias divisiones o etapas en el texto. La Biblia *The New Scofield Reference Bible*, en inglés, divide el *Cantar* en trece cánticos o canciones. Irving L. Jensen utiliza tres divisiones principales: días de cortejo, boda y vida matrimonial. Watchman Nee divide el *Cantar* en cinco partes: amor inicial, amor decreciente, amor en crecimiento, amor transformador y amor maduro. Hudson Taylor propone seis secciones. Coral Harris Mac Ilravy escribe acerca de cinco cánticos o canciones dentro del *Cantar* (1:1-2:7; 2:8-3:5; 3:6-5:1; 5:2-8:5 y 8:5-14). En fin, se han propuesto muchas otras divisiones.

La gran mayoría de eruditos de la Biblia están de acuerdo en una cosa: hay una progresión definitiva en el *Cantar de los Cantares*, desde la primera inquietud del amor hasta el amor maduro nupcial. Está envuelto un proceso que incluye tiempos de estar juntos y tiempos de separación. Hay momentos en los cuales el Novio está presente (representados por el *día*) y otros en los que está ausente (representados por la *noche*).

Personalmente, yo tiendo a pensar en el *Cantar* en los términos de tres confesiones de la Novia que representan tres niveles de madurez: "Mi amado es mío, y yo suya" (2:16), "Yo soy de mi amado, y mi amado es mío" (6:3), "Yo soy de mi amado, y conmigo tiene su contentamiento" (7:10). También se pueden distinguir tres divisiones, si los ocho capítulos se agrupan como sigue: capítulos 1 y 2, "El primer amor"; 3 al 5, "Amor en el desierto"; y seis al ocho, "Amor invencible".

Usted puede descubrir incluso otro patrón en el *Cantar de los Cantares*, pues es una joya multifacética.

¡Disfrute su aventura!

Cantar de los cantares...

Cantares 1:1

as Sagradas Escrituras están llenas de canciones: el cántico de Moisés (Dt 32:1-43), el cántico de Ana (1 S 2:1-10), todo el libro de Salmos y el cántico de María (Lc 1:46-55), por nombrar sólo algunos. Algunos musicólogos han especulado que toda la Biblia originalmente fue hecha para tener música. Si esto fuera verdad, acentuaría el uso del superlativo hebreo que tiene el título de la pequeña, pero preciosa joya bíblica que Dios quiere poner en nuestras manos este año: el *Cantar de los Cantares.*

Shir HaShirim es en hebreo Cantar de los Cantares. Así como *Señor de señores* significa *el Señor supremo, Rey de reyes, y el Rey supremo, el Cantar de los cantares* significa *el Supremo cántico* o *la canción más excelente de todas.* ¿Quién lo dice? ¡Dios! No es solamente Su opinión, sino Su gusto musical, así como un reflejo de quién es Él.

¿Qué es lo que hace de esta canción la mejor de todas? Su tema: AMOR. No hay nada más grande que el amor. Es lo único que nunca dejará de ser. Es lo que dice el Nuevo Pacto en 1 Corintios 13, que es equivalente al Cantar de los Cantares. Dios es amor, un amor que pone música en el corazón. Su canción favorita no puede ser otra sino una canción de amor.

Sin embargo, hubo mucha controversia cuando se decidió el canon bíblico. Muchos opinaban que el Cantar de los Cantares no debería ser incluido en las Sagradas Escrituras. Si se lee a nivel meramente literal, la canción de amor es a menudo gráficamente sensual y mundana. En la tradición judía, estaba prohibido leer el Cantar de los Cantares antes de los treinta años de edad.

Rabbi Akiva, un sabio judío altamente reconocido, defendió el libro y coadyuvó a su inclusión en las Sagradas Escrituras. Se dice que hizo el siguiente comentario: "Porque todo el mundo existió, por así decirlo, para el día en que el Cantar de los Cantares le fue dado. ¿Por qué? Porque todos los escritos son santos, y este es santísimo".

Esta ha sido mi experiencia personal. El Cantar de los Cantares me ha guiado, vez tras vez, a la misma presencia de Dios. De 1980 a 1985, pasé un mínimo de dos horas diarias estudiando y meditando en el Cantar. En 1982, la revelación de la relación a la cual Dios me estaba llevando se movió de mi espíritu a mi entendimiento (de mi corazón a mi cabeza) y fui capaz de comenzar a compartir con otros los tesoros que había encontrado. La revelación más grande que Dios me dio durante ese tiempo es que ¡*yo* estoy en el Cantar de los Cantares! *Yo* soy el objeto del amor más grande en el universo.

Esta es la revelación que Dios quiere impartir a *su* espíritu. Revolucionará su vida y lo capacitará a usted para entrar al amor mutuo, a la comunicación de dos vías, a la santidad dual y a las alabanzas recíprocas los cuales son parte del Cantar de los Cantares.

¿Está listo para una gran aventura en Dios?

Pues pídale que le lleve a Su Lugar Santísimo.

¡*Usted* tiene un lugar en el Cantar de los Cantares!

Día 2

El cual es de Salomón.

Cantares 1:1

Salomón, *Shlomo* en hebreo, generalmente es considerado como el autor del Cantar de los Cantares. La Biblia nos dice en 1 Reyes 4:32 que Salomón escribió 1,005 cantares en total, siendo este el más excelente. *Shlomo* quiere decir literalmente *la paz es suya*. El Señor le había dicho al padre de Salomón, David, que el reinado de su hijo sería uno de paz, *shalom* (1 Cr 22:9).

En el pensamiento judío tradicional, *Shlomo* representa al Dios de Abraham, Isaac y Jacob, el Amante de Israel. De acuerdo con la interpretación alegórica cristiana del Cantar (a la cual yo me adhiero), Salomón representa a nuestro *Mesías-Rey*, nuestro Novio Celestial o Príncipe de Paz, *Yeshúa Ha Mashiach*, Jesús *Mesías*.

Aunque fue un rey grande y sabio, Salomón centró sus afectos en una mujer sencilla del campo. Ella era la *sulamita*, que literalmente significa *la paz es suya*. Su relación es semejante a la del creyente y el Señor *Yeshúa*, así como la relación de Dios con Israel. ¿Quién es esta pequeña Israel para que el Amo de todo el universo haya puesto Su amor sobre ella? ¿Y quiénes somos *nosotros* para que *Yeshúa*, el Rey de gloria, nos haya escogido como Su Novia amada? La respuesta a estas preguntas no se encuentra en nosotros, sino más bien en *Él*.

Cuando comencé a estudiar el Cantar de los Cantares, en 1980, había otra pregunta que me turbaba en gran manera: ¿Cómo podía Dios permitir que Salomón representara al Señor del Cielo cuando la Biblia deja en claro que Salomón tuvo cientos de esposas y concubinas que desviaron su corazón del Señor al final de su vida (1 R 11:3-4)?

Mientras estaba orando al respecto, comencé a pensar en
mí y en millones de otros que como yo somos embajadores de
Mesías, llevando el nombre del Rey de reyes y Señor de
señores. Ciertamente, ¡no somos dignos del tesoro que se nos
ha confiado! Después de un momento de silencio, sentí que el
Espíritu Santo hablaba directamente a mi espíritu:

> "Salomón había sido llamado para ser un amante
> de Dios en el Espíritu. Al final de su vida, su lla-
> mado se corrompió, y pasó del espíritu a la carne.
> Encuentra a una prostituta, a un homosexual o a
> alguien que esté muy dado a la promiscuidad
> sexual, y encontrarás a alguien cuyo verdadero lla-
> mado es ser *amante de Dios*. ¡Cámbieles su
> dirección!"

Posiblemente esta nueva luz le capacite para hablar vida a
alguien que esté cerca de usted. Posiblemente usted estuvo
involucrado en una conducta promiscua antes de venir al
Señor y nunca entendió las tácticas del diablo para desviarle de
su verdadero llamado como amante de Dios. Vuelva al
camino. ¡Lo mejor está por venir!

Dios quiere llenarle con una canción este año. Esta canción
es la de Salomón (de Dios). Todo comienza con Él. Él inicia
toda acción. Él siempre es el primero en escoger, sea con Israel
o con Su Novia. *Mesías* dijo, en Juan 15:16: "No me elegisteis
vosotros a mí, sino que yo os elegí a vosotros." Nosotros
amamos a Dios porque Él nos amó primero (1 Jn 4:19).

A *Shlomo Ha Melech*, Salomón el rey, le fueron dadas
riquezas, poder, sabiduría, un reinado de paz y majestad real
como a ningún otro rey de Israel (1 Cr 29:25). Pero hay un
Rey que sobrepasa a Salomón en todo. *Yeshúa* mismo pro-
clamó: "He aquí más que Salomón en este lugar" (Lc 11:31).

Yeshúa es nuestro *Shlomo*. Él es un Rey poderoso, y está enamorado de usted.

La sabiduría es suya.

Las riquezas son suyas.

La autoridad es suya.

¡Y le ha llamado a *usted* para ser amante de Dios!

Día 3

Se regocijará sobre tí con cánticos.

Sofonías 3:17

¿Dios canta? ¿Qué tan bien le conocemos? ¿Solamente conocemos Sus obras, o conocemos Sus caminos, como Moisés los conoció (Sal 103:7)? ¡Si el amor da a luz una canción y Dios es amor, entonces de seguro Él canta!

De tiempo en tiempo, en *Un beso para cada día* estaré utilizando versículos relacionados con Escrituras del Nuevo y Antiguo Testamento que amplíen o ayuden a hacer más claro el Cantar, como es el caso del versículo de hoy.

Este versículo del profeta Sofonías nos ayuda a aclarar Cantar de los Cantares 1:1. Dios se regocija sobre nosotros con cánticos. ¿Alguna vez ha sido aliviado por una canción? Esta será su experiencia cuando el Señor cante Su canción favorita sobre usted. Usted ha traído gozo al corazón del Padre sólo por ser USTED.

Los padres terrenales cantan sobre sus pequeños mientras los arrullan para dormirlos o mientras los acuestan. ¡Cuanto más debe Dios, nuestro Padre Celestial, cantarnos a nosotros! Cuando mi hijo mayor, Jonathan, estaba haciendo su propia música dentro de mi vientre (principalmente en la noche, con muchos movimientos como de percusionista), yo estaba rebozando de amor por esta pequeña persona que nunca había visto. Ese amor dio a luz una canción. La tonada era sencilla, y una parte de la letra iba como sigue:

> *¿Puedes amar a alguien a quien nunca has visto?*
> *Sí, ¡sí puedes!*
> *¿Pueden ser reales, escuchar y sentir?*
> *Sí, ¡sí pueden!*

Porque un bebé es una persona, aun dentro de su madre.
Y Dios es una persona también, como ninguna otra.
Él nos conoció antes de que naciéramos,
Y nos moldeó en amor...

Después de haber tenido la maravillosa experiencia del embarazo y de dar a luz vida, puedo imaginarme a Dios cantando sobre cada bebé espiritual que nace en el Reino de Dios. Si los ángeles se regocijan (Lc 15:10), ¡imagínese cuánto más se regocija el Padre! Creo que Dios también canta sobre cada bebé de carne y hueso que nace, una nueva, pequeña alma creada a Su imagen, con la capacidad de amar y ser amada. Esto es precioso para el corazón de Dios.

Después de dos años de regocijarme al cantarle a mi primogénito, quedé sorprendida y fascinada al encontrarle regocijándose al cantarme a *mí* en nuestra sala de estar una tarde. Se acercaba *Hanukkah* en 1987, y Jonathan, lleno del espíritu de la celebración, estaba cantando y bailando con música de la temporada. De pronto, con gran gozo y sentimiento comenzó a exclamar: "¡Gloria a mamá en las alturas!". En ese momento alcancé a ver cómo se siente nuestro Padre Celestial cuando nos gozamos en Él.

Este tipo de amor espontáneo, gozoso y maravilloso fluye del corazón de Dios para cada uno de Sus hijos en todo tiempo y en cualquier época. Él está cantándonos hoy. ¡Debemos afinar nuestros oídos para escucharle! ¡La verdad es que Dios cuida y se interesa profundamente por cada uno de Sus hijos! ¡*Yeshúa* está locamente enamorado de Su Novia!

El profeta Isaías lo expresó de esta manera: "Como el gozo del esposo con la esposa, así se gozará contigo el Dios tuyo". (Is 62:5)

Es verdad. Él le ama.

Día 4

Yo soy tu escudo, y tu galardón será sobremanera grande.

Génesis 15:1

Era 14 de febrero, y la palabra *amor* estaba pasando por las cajas registradoras a una velocidad sorprendente. El "Amor", normalmente se confunde con lujuria en los Estados Unidos hoy en día; es el tema central del Día de San Valentín en nuestro país. Fui a casa y me senté al piano ese día y comencé a hablar con el Señor. Le expresé que estaba tan agradecida de haber encontrado el verdadero amor, *Su* tipo de amor, incondicional, eterno, sacrificado. Mi corazón estaba que explotaba con la revelación de la grandeza del amor de Dios, y yo deseaba expresarle mi amor a Él.

Génesis 15:1 vino a mi mente y la maravillosa promesa que Dios le dio a Abram, en la que le aseguraba no sólo protección, sino también gran bendición. Dios le prometió a Abram una recompensa. ¿Qué recompensa sería valiosa para usted hoy? ¿Un aumento de sueldo? ¿Un empleo mejor? ¿Una beca? ¿Una palabra de alabanza, ánimo o agradecimiento? ¿Una nueva casa? ¿Un automóvil? ¿Un trabajo? Generalmente no pensamos en *Dios* mismo como una recompensa. Pero tener más de Él y de Su presencia en nuestra vida ¡es la mejor recompensa que existe!

Una sencilla melodía vino a mi mente y le puse letra en segundos:

> *Te amo.*
> *Te amo.*
> *Te amo, Señor.*
> *Te amo.*
> *Te amo.*
> *Tú eres mi recompensa.*

Y seguí tocando esta pequeña canción al Señor una y otra
vez, mientras las lágrimas rodaban por mi cara. Entonces
escuché una voz cantando suavemente, respondiéndome, en
una especie de contracanto. Me detuve abruptamente y dije en
voz alta, "¿Dios canta?".

No acababa de formar la pregunta en mis labios cuando la
respuesta vino en forma de un versículo: Sofonías 3:17 (vea el
devocional de ayer). Grité, "¡Sí, Señor, Tú sí cantas, Señor!".

Él siguió con Su parte de la canción:

> *¡Permanece así! ¡Permanece así! Te amo de esa manera,*
> *Reposando en Mi amor y escuchando de lo alto.*
> *¡Permanece así! ¡Permanece así! Te amo así.*
> *Todavía hay más que quiero decir (...)*

17

Me quedé en Su presencia un buen rato. Cuando mi esposo
Neil regresó a casa del trabajo ese día, lo llamé al piano y muy
emocionada le dije que Dios me había dado una pequeña canción como regalo del día del amor, ¡y que él tenía que cantar la
parte de Dios! (Neil dice que este es uno de los desafíos más
asombrosos que le he presentado.)

Dios nos está dirigiendo a "permanecer" un poco más de
tiempo con Él, para sentarnos a Sus pies, para escuchar Su voz.
Mientras *reposamos en Su amor*, vamos a *escuchar de lo alto*.
Posiblemente usted pueda permanecer un poco más de tiempo
con el Señor hoy. Nada agrada más Su corazón. Las palabras
de *Yeshúa* en el huerto: "¿Así que no habéis podido velar conmigo una hora?" (Mt 26:40), atraviesan mi espíritu hoy. Él es
el que "es galardonador de los que le buscan" (vea He 11:6).
Todavía hay más que Él quiere decir.

¡Oh, si él me besara con besos de su boca!

Cantares 1:2

$\mathcal{E}$ste es el clamor del *espíritu de la Novia:* más que un deseo por el Amado, un deseo de intimidad. La doncella sulamita (Israel, la Novia de *Mesías*, el alma individual por quien *Mesías* murió) está hablando aquí. Ella no está satisfecha con tener una relación a la distancia. Ella desea un contacto cercano. Sólo hay besos en las relaciones cercanas, cara a cara.

Las Sagradas Escrituras nos dicen que Dios habló con Moisés *p'anim el p'anim*, cara a cara. Dios habló al pueblo de Israel en diferentes ocasiones y en distintas formas a través de los profetas. Pero en estos postreros tiempos nos ha hablado *por Su Hijo, Yeshúa* (He 1:1-2).

¿Qué es exactamente un beso de parte de Dios? De acuerdo con la tradición rabínica, es una palabra viviente de profecía. El equivalente cristiano sería una palabra *rhema*. ¿Alguna vez ha tenido la experiencia de leer o escuchar algo de la Biblia que de repente se convirtió en algo vivo para usted, que literalmente saltó fuera de la página, y usted supo que era Dios hablándole a *usted?* Si la ha tenido, ¡entonces ha sido besado por Dios! No hay nada como tener contacto directo con el Creador. Este es el epítome de toda comunicación. Para esto fuimos creados.

Nosotros debemos anhelar esta comunicación directa con Dios, de la misma forma en que los judíos piadosos han anhelado por siglos la venida de *Mesías.* Esperan Su venida y Su beso. Debemos decirle al pueblo de Dios, Israel, que Él ya vino, y que los va a besar al recibirle por fe. *Yeshúa* mismo *es* un beso de Dios para Israel y para las naciones.

Las fuentes judías a menudo citan Deuteronomio 18:18

cuando comentan acerca de los besos de Dios: "Profeta les levantaré de en medio de sus hermanos, como tú; y pondré mis palabras en su boca, y él les hablará todo lo que yo le mandare". Concluyen que la frase "Besos de su boca" (Cant 1:2) se refiere a la profecía. Esto es verdad en parte. El resto de la verdad es que el profeta que Dios levantó semejante a Moisés es *Yeshúa*, Jesús de Nazaret, aquel que vino a hacer la voluntad del Padre y sólo hizo (o habló) las cosas que vio a Su Padre hacer (Jn 5:19).

¿Anhela usted escuchar de Dios, ser besado por Él? Es Su deseo darle un beso cada día, o tantos besos como usted pueda recibir. Los besos de *Yeshúa* dan vida. La Biblia nos dice en Deuteronomio 8:3 que, "No sólo de pan vivirá el hombre, mas de todo lo que sale de la boca de Jehová vivirá el hombre". En otras palabras, vivimos de los besos de Dios.

Hoy, reciba un beso al acudir a su Biblia. Si usted no lee la Biblia con un plan de lectura periódico, ahora es el momento de comenzar. Inicie con un capítulo al día. Sea fiel. Sea consistente. Lea la Palabra de Dios con un sentido de expectación, un deseo de ser besado, y confiado en la promesa de Juan 10:27: "Mis ovejas oyen mi voz, y yo las conozco, y me siguen".

Hermano en el Señor, usted también está incluido. Usted es parte de la mística *Novia* de *Mesías*. Vayamos cada uno de nosotros a nuestro lugar de oración, Biblia en mano. Busquemos el rostro de *Yeshúa*, nuestro Novio Celestial, y digamos: "¡Puede besar a la novia!".

Día 6

La misericordia y la verdad se encontraron;
la justicia y la paz se besaron.

Salmos 85:10

*¿C*uándo se besan la justicia y la paz? Cuando un creyente individual tiene una comunión íntima con el Príncipe de Paz (Is 9:6). Considere las siguientes dos Escrituras como fundamentos para esta conclusión:

> 2 Corintios 5:21: "Al que no conoció pecado, por nosotros lo hizo pecado, para que nosotros fuésemos hechos justicia de Dios en él".

> Efesios 2:14: "Porque él es nuestra paz, que de ambos pueblos hizo uno, derribando la pared intermedia de separación".

Nosotros necesitamos vernos como Dios nos ve: como la justicia de Dios *en Mesías*. La opinión que tengamos de nosotros mismos debe estar de acuerdo con la opinión que tiene Dios, no con la que tiene el diablo (él está presto para enumerar nuestras faltas y debilidades). Así como es verdad que *nuestra* justicia es como trapos de inmundicia (Is 64:6), también es verdad que ya no nos sostenemos en nuestra propia bondad. Se nos ha impartido rectitud y justicia, lo cual es estar en paz con Dios gracias a *Yeshúa* es y a lo que hizo por nosotros. ¡Qué regalo! Qué agradecidos debemos estar.

Por tener fe en el Hijo de Dios somos rectos y justos. La rectitud y la justicia que son por fe se remontan a Abraham, quien le creyó a Dios, y le fue contado por justicia (Gn 15:6). Dios quiere que sepamos quiénes somos en *Él* y que enseñemos esta verdad a nuestros hijos. Cuando estamos bien con Dios, estamos completos, seamos judíos o no. ¡Nuestra posición es una de contentamiento! Con Dios como nuestro Padre y *Yeshúa* como nuestro Salvador, tenemos todo lo que necesitamos. "Mejor es lo poco con justicia que la muchedumbre de frutos sin derecho" (Pr 16:8). La justicia, y no las posesiones, el poder o la posición, es el verdadero tesoro.

Unos meses *antes* de recibir a *Yeshúa* como mi Salvador, el Señor me dio *un beso* a través de Isaías 42:6. (¡No asuma que Dios sólo puede besar a los creyentes!) Supe que era el Dios de Abraham, Isaac y Jacob hablándome acerca de Neil y de mí, y de nuestro futuro en Él: "Yo Jehová te he llamado en justicia, y te sostendré por la mano; te guardaré y te pondré por pacto al pueblo, por luz de las naciones".

Una vez fuimos pecadores. ¡Ahora, hemos sido llamados en justicia por Aquel que sostiene nuestra mano! Él es tan maravilloso. Él es nuestra PAZ. En nuestra familia, vivimos en la realidad de Efesios 2:14. Yo no nací en una familia judía. Mi esposo Neil sí. En *Mesías*, somos hermosamente uno, judío y no judía, hombre y mujer. En nuestro ministerio no hay división entre el *Tenach* (Antiguo Pacto) y el *Brit HaDasha* (Nuevo Pacto); ambos son una sola Biblia. La pared central de división ha sido rota. Donde había división, ahora hay unidad. Donde había conflicto, ahora hay *shalom shalom*, perfecta paz. *Yeshúa* es la respuesta para los conflictos que ocurren en tantas familias hoy, donde hay judíos y no judío juntos. Él trae paz porque Él *es* paz.

Cuando nos relacionamos correctamente con el *Sar Shalom, el Príncipe de paz*, podemos experimentar la paz que sobrepasa todo entendimiento. Cualesquiera que sean las circunstancias por las que atraviese, recuerde que usted es la *sulamita*, y ese nombre significa *la Paz es suya*. ¿Es la paz una cualidad que se puede ver a primera vista en su vida? Si no es así, permita que *Yeshúa* ministre Su perfecta paz –*Shalom Shalom*– a su corazón hoy. Dios está en control.

Día 7

Honrad al Hijo [Besad al Hijo (en hebreo, nasha)]...
Bienaventurados todos los que en él confían.
Salmos 2:12 [paráfrasis del autor]

*E*ste es otro buen ejemplo de *beso* en el *Tenach* (Escrituras del Antiguo Pacto). La mayoría de los judíos, hoy en día, nunca han leído Salmos 2:12; no saben lo que es un *Salmo Mesiánico* y ni siquiera se han dado cuenta de que la Biblia dice en versículos como Salmos 2:12 y Proverbios 30:4, que Dios tiene un Hijo. Sin embargo, están familiarizados con varias prácticas religiosas que involucran besar, porque en la tradición judía besar es un acto de devoción religiosa.

A la Torah (primeros cinco libros de la Ley) la besan los adoradores (de hecho, uno toca el manto de la Torah y luego besa sus propios dedos) cuando es llevada en procesión dentro de la sinagoga, como un acto de adoración, y en reverencia a la Palabra de Dios.

Muchos judíos siguen la costumbre de tocar la *mezuzah* (una pequeña cajita colocada en el marco de la puerta de las casas judías que contiene versículos de la Escritura) con la punta de los dedos, se besan los dedos, la tocan y recitan: "Que el Señor proteja mi salida y mi entrada, desde ahora y para siempre". Los flecos del *talit*, o manto de oración, también se besan antes de ponérselo. Cuando un libro santo (un libro de oración o una Biblia) cae al piso, se besa después de que se levanta del suelo.

Pero el verdadero beso que anhela el Dios de Abraham, Isaac y Jacob de Su pueblo judío es la honra de la que habla Salmos 2:12: *¡Besad al Hijo!*

Ely y Joan, ambos criados en hogares judíos conservadores, *besaron* al Hijo el 6 de noviembre de 1995, cuando oraron

juntos para recibir a *Yeshúa* como su *Mesías* y Señor. El pueblo
judío, alrededor del mundo, está comenzando a besar al Hijo.
Cada uno tiene un testimonio acerca de la manera especial en
la que Dios los atrajo a Sí mismo.

Ely y Joan no son la excepción. Su historia es muy hermosa.
Me gustaría compartir con ustedes una porción de ella en sus
propias palabras. Abajo encontrará fragmentos de la carta de
diecisiete páginas que le enviaron a la madre y al hermano de
Joan, ambos judíos, el 20 de noviembre de 1995, informán-
doles que habían aceptado a *Yeshúa* como su *Mesías*. La carta
incluía la historia de su búsqueda de Dios, su decisión por
Yeshúa, y una bibliografía de seis páginas con sugerencias,
fuentes y referencias.

Recientemente hicimos la decisión más importante de nuestra vida, basada en meses de estudio,
investigación e introspección de nuestra alma. No
fue una decisión que hayamos tomado fácilmente o
sin pensarlo mucho o por una turbulencia espiritual
(...) Recibimos una educación judía excelente. Y
desde que nos casamos, hemos seguido el Kosher y
hemos celebrado las fiestas judías. Pertenecíamos a
sinagogas conservadoras, y comenzamos a sentir
que algo faltaba en nuestra vida espiritual.

Joan por casualidad comenzó a ver un programa
de televisión que pasa los sábados, llamado *Jewish
Jewels (Joyas judías)*. Cuando comenzó a ver el programa Neil y Jamie, los anfitriones, hablaban de
Yeshúa como *Mesías* judío. Joan inmediatamente le
cambió a otro canal. Durante uno de los servicios
de los viernes por la noche que se realizan en la
sinagoga Reform (Reforma), un día en que el
rabino había salido de la ciudad, habló un orador
invitado, un *antimisionero*. Habló acerca del programa *Jewish Jewels*, y le advirtió a la gente que NO
se involucrara con ese grupo.

En estos tiempos, cuando alguien te dice que
NO hagas algo, ¡esa advertencia puede ayudar a
incrementar más tu curiosidad! Al día siguiente,

sintonizamos *Jewish Jewels* y vimos el programa del principio al final. Escuchamos a los anfitriones con nuestra mente ABIERTA. Y desde ese día en adelante vimos el programa así, con una mente ABIERTA.

Además de esos programas semanales que veíamos por televisión, leímos muchos libros y artículos y vimos diferentes videos sobre el tema.

Lo verdaderamente importante de nuestra decisión de aceptar a *Yeshúa* como *Mesías* judío es en nuestra relación con Dios. Ahora sentimos que tenemos una relación con Dios muy personal y muy real.

24

¡Aleluya! La relación, y no la religión, es la voluntad de Dios para todos. Ely y Joan ahora son judíos mesiánicos. Han puesto su fe en *Yeshúa* y han sido bendecidos. Ely nos dijo el otro día que Dios le dio su primer beso. Este versículo de las Santas Escrituras se ha convertido en el fundamento de la relación que él tiene con Dios: "Venid luego, dice Jehová, y estemos a cuenta" (Is 1:18). Como científico que es, Ely fue tocado profundamente por la disposición del Creador del universo de dialogar con el hombre. Como judío, sintió como si hubiera llegado a casa.

Usted ore por sus amigos y vecinos judíos y comparta la Palabra de Dios con ellos, porque actualmente Él está removiendo el velo de sus corazones y las escamas de sus ojos, y les está revelando a *Mesías*.

Día 8

Porque mejores son tus amores que el vino.

Cantares 1:2

El vino, *yayin* (su nombre hebreo), era una parte importante de la vida diaria de los españoles entre los cuales viví dos años mientras estudiaba para ser maestra de español. Cuando alguien derramaba vino sobre la mesa, decían: "Alegría", que significa *placer* o *regocijo*. El tipo de alegría que viene del vino es profana, es gozo mundano, algo temporal, superficial y procede de la carne. El vino se utiliza en el Cantar de los Cantares para representar esta gratificación física. Simboliza los placeres de este mundo y el efecto intoxicante que produce en aquellos que los buscan.

El mundo, en realidad ofrece placer y el pecado es placentero durante una temporada pero, definitivamente, hay una manera más alta y mejor para vivir. Muchos de nosotros, que hemos llegado a *Mesías* siendo ya adultos, desgraciadamente, hemos probado el *vino* y podemos decir, por experiencia: ¡el amor de Dios es mejor que el vino! Su amor sobrepasa *cualquier cosa* que el mundo ofrece.

El amor divino de Dios, *ahavah*, en hebreo, ministra al espíritu. Es un amor incondicional que se sacrifica a sí mismo, que da eternamente, distinto al tipo de amor humano. Nuestro amor falla, pero el de Dios no. El versículo bíblico de mi vida es 1 Corintios 13:8: "El amor nunca deja de ser". Tuve la gran fortuna de crecer en una familia con una madre amorosa y animosa y un padre que me adoraba y me llamaba su *princesa*.

A los 26 años de edad recibí a *Yeshúa* (Jesús, para mí, en ese entonces) como mi Salvador después de casi un año de ser pretendida por el Espíritu de Dios. ¿Pretendida? Sí, literalmente sentía un poderoso *amor* atrayéndome a una nueva vida, una vida en Dios. Escuchaba por horas un disco cristiano de un grupo llamado *Love Song* (Canción de Amor) y lloraba con gozo por el amor que sentía que trataba de alcanzarme. Experimenté lo mismo cuando tomé una Biblia, especialmente al leer el libro de Juan.

Durante casi un año, me fui enamorando de la persona de *Yeshúa*, el *Mesías*. Había conocido mucho amor en mi vida. Yo venía de una familia muy amorosa, y estaba casada con un hombre que también me amaba mucho, pero *nunca* había experimentado un amor como el que me da *Yeshúa*. Valía la pena dejar todo a un lado por este amor. Era la *perla de gran precio* para mí.

Desde el día de mi nuevo nacimiento hasta ahora, nunca he considerado a Dios como algo distinto al amor, y en ningún momento he deseado volver al mundo. El amor de Dios es sorprendente, asombroso, irresistible, confiable, apasionado y persistente. Siempre podemos contar con él, incluso en las circunstancias más trágicas: muerte, divorcio, enfermedades terminales, accidentes, traiciones, abuso. Ninguna de esas circunstancias cambia el hecho de que Dios es amor y de que Su amor es el poder más grande del cielo y la tierra.

¿En este momento está teniendo dificultades para recibir el amor de Dios? Hable con Él acerca de eso. Pídale a Dios que le revele a usted Su amor y Su corazón de Padre. Dios no hace acepción de personas. Él desea con todo Su corazón que usted experimente el gozo santo (mucho mayor que la *alegría*, yo lo llamaría *gozo profundo*) que viene al recibir un amor que es *mejor que el vino*.

Día 9

A más del olor de tus suaves ungüentos

Cantares 1:3

Todos los sentidos se involucran en el amor: el oído, al escuchar una canción de amor; el gusto y el tacto, en un beso; el olfato, al disfrutar la fragancia de la ropa de la persona amada. Me encanta el olor de las camisas de mi esposo. También me gusta mucho el aroma de mis propias blusas, perfumadas con mi esencia favorita.

Durante mi primer año en la *Ohio Wesleyan University*, usé una de mis sudaderas favoritas para dormir. Luego, a la mañana siguiente la rocié con mi perfume, la envolví rápidamente en una caja y se la envíe como regalo a mi padre hasta Nueva York. Sabía que cuando la abriera olería A MÍ, y eso le daría una gran alegría. ¡Y así fue!

Otra fragancia que es *buena* más allá de cualquier descripción, es la fragancia de un bebé recién bañado, arropado y fresco. El 10 de enero de 1989, me presentaron un paquete semejante mientras estaba esperando acostada en la cama de un hospital. Jesse Allan Lash, nuestro segundo hijo, había venido al mundo con el aroma de la vida, del amor y de la esperanza para el futuro. Dios lo envió en el aniversario de la muerte de mi madre, y ahora, cada 10 de enero, tenemos la fragancia de las velas en nuestra casa: una vela *Yahrzeit* (memorial) por mi madre y velitas de cumpleaños para Jesse.

¿Qué hay acerca de la fragancia de *Mesías*? La Biblia describe Su fragancia en Salmos 45. Este salmo, el cual a veces es titulado como "Cántico de Amor" o como un "Cántico Mesiánico Nupcial", habla de *Mesías* y Su Novia. En los versículos del 6 al 8, se hace referencia, tanto a la fragancia como al carácter divino de *Mesías*: "Tu trono, oh Dios, es eterno y para siempre (...) por tanto, te ungió Dios, el Dios tuyo, con óleo de alegría más que a tus compañeros. Mirra, áloe y casia exhalan todos tus vestidos".

De acuerdo con la tradición judía, el aroma se relaciona con el carácter. La mirra habla del sufrimiento de *Yeshúa* y del amor sacrificial; aloe y casia, de la sanidad bajo Sus alas. Las tres especies también se encontraban presentes en el santo aceite de la unción, utilizado para ungir al sumo sacerdote en la época del templo.

Yeshúa, Jesús, es nuestro Sumo Sacerdote. Él es el *Mashiach*, literalmente *El Ungido*. Mientras que los sacerdotes anteriores a Él ofrecieron sacrificios y quemaron incienso perpetuamente delante del Señor sobre el altar del incienso, *Yeshúa* ofreció el sacrificio de Sí mismo como *olor fragante a Dios*.

Como seguidores de El Ungido, podemos caminar en Su unción, teniendo óleo de gozo en lugar de luto y el gozo de la salvación en lugar del hedor del pecado. Se nos dice en 2 Corintios 2:15-16 [énfasis añadido], que Dios rocía fragancia de *Mesías* en todo lugar a través de nosotros: "Porque para Dios somos grato olor de Cristo [Mesías] en los que se salvan, y en los que se pierden; a éstos ciertamente olor de muerte para muerte, y a aquéllos olor de vida para vida".

Usted debe ser quien realmente es, descansando al saber que su fragancia deleita el corazón del Padre. En usted Él detecta el aroma del Bebé de Belén, el Rey de Jerusalén, Su precioso Hijo.

Día 10

Tu nombre es como ungüento derramado

Cantares 1:3

Ha Shem en hebreo significa *el Nombre*. Así es como se refieren a Dios la mayoría de los judíos ortodoxos hoy en día, ya que consideran que el nombre del Señor dado en el tetragrama, *YHWH*, es demasiado santo para pronunciarlo. Ciertamente hay algo muy especial, santo, digno de alabanza, y que debe ser reverenciado, en el nombre de Dios. Pero en Su gran amor, el Dios de Abraham, Isaac y Jacob permitió que lo santo se encontrara con lo profano, el cielo tocó la tierra y se le *dio* un Nombre a los hombres, cuando Él envió a Su único Hijo al mundo, para traernos salvación.

Este nombre, *Yeshúa* (Jesús, como se traduce al español), fue pronunciado por primera vez por un ángel. El nombre por sí solo explicaba en lo que este niño se convertiría, porque *Yeshúa* literalmente significa *salvación*. "Y llamarás su nombre JESÚS, porque él salvará a su pueblo de sus pecados" (Mt 1:21).

Ya hemos visto en el versículo tres que los ungüentos de *Yeshúa* son *buenas*. De la misma forma, Su nombre es un *buen nombre*. Los nombres eran muy importantes en el medio oriente en tiempos bíblicos. *Su nombre* era una expresión semítica para *sí mismo*. Todo lo que *Yeshúa* era y es puede ser encontrado en Su nombre. No hay otro nombre en el cielo o en la tierra que pueda compararse con el nombre *Yeshúa*. Por esta razón la Biblia lo llama: "Un nombre que es sobre todo nombre" (Fil 2:9).

¿Cómo es que este maravilloso nombre se puede derramar como un ungüento? Primero que nada, los pueblos orientales, en la época de *Yeshúa*, hacían uso frecuentemente de ungüentos. Estos ungüentos se usaban con propósitos personales, medicinales y de hospitalidad. Algunos de ellos eran muy costosos. El bálsamo, por ejemplo, costaba lo doble de su peso en plata. El ungüento de espicanardo era menos costoso, pero también era considerado *precioso*. La esencia de rosas era uno de los ungüentos más populares y menos costosos.

La expresión *bueno, precioso* o *de mucho precio* que se aplica a los perfumes, óleos y ungüentos en 2 Reyes 20:13, Salmos 133:2, Eclesiastés 7:1, Mateo 26:7 y Juan 12:3, nos muestra la alta estima que los primeros hebreos le daban a los ungüentos.

¡El nombre *Yeshúa* también es precioso y de alta estima! Como un óleo de alto precio, tiene virtudes especiales. Así como el aceite era utilizado para dar la bienvenida a los invitados, el nombre *Yeshúa* es la bienvenida de Dios a nosotros. Sin él, somos extranjeros. En *Yeshúa* hemos encontrado un hogar.

Así como el ungüento era utilizado para ungir a los enfermos, por sus propiedades curativas naturales, suavizantes y que daban alivio, el nombre de *Yeshúa* es una fuente de sanidad para Su Novia. En Su Nombre hay poder, tanto sobre las aflicciones físicas como emocionales. ¡Cuántas veces nos hemos ungido a nosotros mismos y a otros con aceite en el nombre de *Yeshúa*, y hemos visto al Señor sanar a los enfermos! Nos basamos en la Palabra de Dios que se encuentra en Santiago 5:14-15: "¿Está alguno enfermo entre vosotros? Llame a los ancianos de la iglesia, y oren por él, ungiéndole con aceite en el nombre del Señor. Y la oración de fe salvará al enfermo, y el Señor lo levantará; y si hubiere cometido pecados, le serán perdonados".

No habría un buen recibimiento ni sanidad en el nombre de *Yeshúa* hoy, si el ungüento no hubiera *sido derramado* hace casi 2,000 años. En el madero del sacrificio, los clavos traspasaron el vaso que contenía el precioso ungüento. Al *Yeshúa* derramar Su alma hasta la muerte, Su nombre *Salvación* fue derramado y la fragancia del amor sacrificial se extendió desde Jerusalén *hasta lo último de la tierra*.

¿Tiene dolor hoy?

Pues puede ser bien recibido y sanado en el nombre de *Yeshúa*.

Clame en Su nombre. ¡*Yeshúa* es el *sí* de Dios para usted!

Día 11

Por eso las doncellas te aman.

Cantares 1:3

¿*Por* qué amamos a Dios? En las primeras etapas de nuestro caminar con Dios, usualmente le amamos por lo que Él ha hecho por nosotros, por lo que nos ha dado. El nombre de *Yeshúa* representa todo lo que se nos ha dado: vida eterna, una vida nueva aquí en la tierra, una relación con Dios como nuestro Padre, paz que sobrepasa todo entendimiento, amor incondicional, la presencia de Dios en nuestra vida, una Biblia llena de promesas para reclamarlas como nuestras, sabiduría de lo alto, dirección para nuestra vida diaria, sanidad de nuestro cuerpo ¡y más!

Todas estas son manifestaciones del amor de Dios. Son *dodim*, que en hebreo literalmente significa *caricias*. *Dodim* es la palabra de amor que es utilizada en el versículo dos del Cantar *(mejores son que el vino)*. Nuestra primera experiencia amorosa con El Señor se basa más en lo que Él nos ha dado, que en quién es Él. Los nuevos creyentes están más orientados hacia los sentidos y lo concreto que los creyentes maduros. Dios espera que así sea, y creo que se deleita en ello.

Dios, después de todo, es tanto un Padre como un Dador. Como Padre se goza de ver a Sus hijos felices. Como Dador, se siente satisfecho al dar. Siempre he sentido que el Señor está buscando a quienes quieran recibir, aquellos que van a agradar el corazón de Dios al recibir todos los regalos que Él tiene para dar y que después van a actuar como un canal de bendición para otros, permitiendo que los regalos de Dios fluyan a través de ellos hacia un mundo necesitado.

Posiblemente usted se perdió esta etapa. Si fue así, ¡regrese a ella! Dios quiere mostrarle Su corazón generoso. Él quiere que usted aprenda a recibir de Él, porque usted es Su hijo. ¡Él le ama, y es Su placer santo darle el reino a usted!

Nunca voy a olvidar el día, como nueva creyente en el Señor, que decidí reclamar una de las promesas de la Palabra de Dios. Recuerdo lo emocionada que estaba de descubrir que ¡podía hablarles a los montes y que estos serían echados al mar! Fue justo antes de *Pésaj*, y yo estaba ocupada limpiando mis armarios, casa, corazón, cuerpo, toda mi vida, de *levadura*.

Yo tenía un lunar negro debajo de mi ojo izquierdo. Decidí que el lunar era *levadura* y que tenía que abandonar mi cuerpo antes de *Pésaj*. Cada día, durante un par de semanas, me veía en el espejo, maldecía a la *levadura facial*, (como llamé al lunar), en el nombre de *Yeshúa*, y le ordenaba a la montaña que fuera removida. La noche antes de *Pésaj*, el lunar se desprendió de mi cara y cayó en el lavabo justo frente a mis ojos sin dejarme marca alguna. Yo estaba extasiada y exuberantemente, le expresé mi amor a Dios por haber llevado a cabo una obra tan grande. De alguna forma, parecía sentir que Dios estaba riéndose y divirtiéndose con mis locuras de niña.

¿Quiénes son las *vírgenes* del versículo 3? ¡Usted y yo! Espiritualmente nos volvemos *vírgenes* a través de *Yeshúa*: puros de corazón, como niños, inocentes, sin mancha, apartados para Él. Aunque nuestros pecados fueren como el *carmesí*, Él los hace *blancos como la nieve* (otro beso de Is 1:18). *Yeshúa* nos restaura por completo. ¿Cómo no le vamos a amar por amarnos y darnos un nuevo comienzo?

Ese es el milagro de la salvación. Intercambiamos nuestros trapos sucios y malolientes por Su justicia ¡pura y fragante! Cuando *Yeshúa* nos lava en Su sangre, es como si nunca hubiéramos pecado. Estamos sin levadura. Nos hemos convertido, según las palabras del rabino Saulo de Tarso, en una "virgen pura a [*Mesías*]" (vea 2 Co 11:2).

¡Conozca quién es usted en Él! Usted ha sido lavado, santificado y justificado en el nombre del Señor *Yeshúa* y por el Espíritu de nuestro Dios (1 Co 6:11). ¡Espere cosas grandes del Señor!

Día 12

Atráeme.

Cantares 1:4

La primera palabra del versículo cuatro es el clamor de alguien que ha conocido el amor de su novio, Su fragancia, Su nombre, el sacrificio que hizo a su favor y la vasta provisión que iba incluida en ese sacrificio. Y aun así, ella todavía siente que es necesario pedir: "Atráeme". ¡Y también nosotros!

Qué fácil es distraerse espiritualmente, ser perezoso, indulgente, incluso frío en estos tiempos. Hay tantas presiones sobre nosotros y sobre nuestros hijos que nuestros padres y abuelos no tuvieron que enfrentar. Estas presiones algunas veces nos producen que descuidemos nuestra relación con el Amado.

¿Se siente indiferente el día de hoy, sin el deseo de ser atraído? Posiblemente se siente muerto espiritualmente por dentro. Eso no significa que usted no sea parte de la Novia de *Mesías*. Nunca voy a olvidar un sueño que tuve hace muchos años. Estaba sola en una habitación. Un ataúd estaba frente a mí, y vi a una novia tendida dentro de él. Una voz me habló y me dijo: "Pon tus manos sobre la novia".

Inmediatamente dije: ¡No!

La voz habló de nuevo, con gran autoridad.

Le contesté: "No, no quiero tocar un cuerpo muerto".

Yo sabía que en ese momento Dios me estaba hablando firmemente: "Te dije que impusieras manos sobre la novia", repitió.

Le respondí: "¿Qué vas a hacer si lo hago?"

El Señor me dijo: "¡Voy a resucitarla!"

Y ahora quiero preguntarle a usted: ¿Es usted parte de la

novia durmiente (muerta)? Por favor, permítame imponer mis manos sobre usted a través de *Un beso para cada día*. Dios quiere impartir vida divina en usted. Él planea ¡resucitarle de los muertos! Clame al Señor: "Atráeme", y Su Espíritu va a comenzar a moverse en su corazón y en su vida.

El clamor *Atráeme* es un grito de auxilio y se relaciona con hambre espiritual, la base para el crecimiento en Dios. Cuando oro esta sencilla oración de una palabra, quiero decir: "Sedúceme, Señor. Incrementa mi deseo por ti. Haz nuestra relación (a través de la Biblia, de mi vida de oración) emocionante de nuevo. Haz una obra en mi corazón. Necesito más de Ti en mi vida. Quiero *conocer* Tu voluntad y *hacer* Tu voluntad. Quiero experimentar Tu amor a plenitud".

¿Cómo es que Dios nos atrae? A través del *Ruach Ha Kodesh*, Su Espíritu Santo. Dios dice lo siguiente a Su pueblo, en Jeremías 31:3 *LBLA*: "Con amor eterno te he amado, por eso te he atraído con misericordia". El Talmud (Kiddushin 22) dice que *atraer* es una manera de establecer propiedad. Así como el Dios de Abraham, Isaac y Jacob nos atrae a Sí mismo, Él en realidad está diciendo: "Él (o ella) es mío. Me pertenecen".

Necesitamos darle la bienvenida a la presencia de *Ruach Ha Kodesh* en nuestra vida. Él nos va a atraer hacia nuestro Novio Celestial con suaves cuerdas de amor (Os 11:4). No entristezca al Espíritu de Dios por lo que usted diga, ve en la televisión o por aquellos quienes escoge como amigos; en lugar de eso permita al Espíritu de Dios atraerle a sendas de santidad. Él le va a señalar el camino hacia *Yeshúa* y va a mostrarle nuevas verdades acerca de Él. El Espíritu Santo exalta a *Yeshúa*. Y entonces *Él* atrae a todos los hombres hacia Sí mismo (Jn 12:32).

¿Por qué no comenzar cada nuevo día orando: "Atráeme"? Esta pequeña palabra puede cambiar toda su vida.

Día 13

En pos de tí correremos.

Cantares 1:4

*P*osiblemente usted no practique el tenis o aeróbicos, levantamiento de pesas o juego de raqueta, pero usted ha sido llamado a ser un corredor, ¡en el Espíritu de Dios! Aunque el ejercicio físico es provechoso (y yo misma realmente necesito hacer más) las Sagradas Escrituras nos dicen que el ejercicio espiritual tiene una mayor ganancia (recompensa).

Los corredores deben ser disciplinados. De la misma manera, los discípulos de *Yeshúa*. ¡Qué difícil es disciplinar la carne! Nos cansamos, somos perezosos, no sentimos ganas, tenemos tantas otras cosas que hacer, tantas *excusas*. Sin embargo, existe la mejor parte, la que María escogió, como está registrado en Lucas 10:42. María escogió correr en pos de *Yeshúa*, no físicamente, sino con su corazón. Siempre es una decisión, un acto de la voluntad. Hay una decisión que hacer y un compromiso que mantener: "Correré en pos de ti, Señor".

No necesita tener piernas fuertes, buenos pulmones o un cuerpo sin grasa y saludable para correr en pos del Señor. De hecho, algunos de los mejores corredores espirituales que conozco tienen enfermedades serias y están confinados a su casa o en sillas de ruedas. Tienen lo necesario, amor en su corazón por *Yeshúa*, un deseo de seguirle, de vivir para Él y hacer Su voluntad. Y se ponen a disposición del Señor. Esto es muy valioso. *Yeshúa* nos quiere a *nosotros*, no lo que podemos hacer por Él.

Esta es una batalla que enfrento constantemente porque soy una trabajadora, alguien que logra cosas. Me encanta producir, crear. Es difícil para mí sólo sentarme y estar de visita. Y, sin embargo, paradójicamente, *correr en pos de Yeshúa* no es precisamente trabajar diligentemente en Su servicio y estar activo en los asuntos del Reino, más bien se refiere a sentarse quieto y dejar que el corazón corra en pos de Él con todo lo que usted tenga.

De eso se trata el avivamiento de la renovación del deseo de correr en pos de *Yeshúa* y no detenerse hasta haber alcanzado la meta de Su tierno abrazo, Sus besos dadores de vida, la comunión íntima con Él.

¿Usted había notado alguna vez que la novia clamó: *"Atráeme, en pos de ti correremos"*? ¿Quiénes son *nosotros*? *Nosotros* es el resultado del ondear del agua. Cuando un miembro de una familia, congregación o comunidad es atraído, los demás le van a seguir.

Muchas veces, a través de los años, he tenido la experiencia placentera de experimentar lo que yo llamo "ser sorprendida por el gozo del Señor". Normalmente cuando menos lo he esperado (por ejemplo, cuatro días antes de dar a luz a Jesse), el Espíritu de Dios ha sido derramado soberanamente sobre mí desde lo alto, y he sido inundada con un gozo sobrenatural que brota con fuerza de mi ser interior en la forma de un tipo glorioso de risa. En una de esas ocasiones, en agosto de 1975, reí en el Espíritu durante casi una hora. Nuestro pastor me pidió que orara por la gente de nuestra congregación para que también recibieran el gozo del Señor. Casi todos los que toqué experimentaron esa misma unción especial. Yo fui atraída, pero corrimos todos. ¡Fue una noche que jamás olvidaré!

Qué maravilloso es ver a la Novia de *Mesías* correr en pos del Señor, todos juntos. La oración colectiva es un buen ejemplo de esto. Cuando la Novia de *Mesías* comienza a buscar al Señor con un solo corazón y mente, *unánimemente*, como la Escritura dice, *todos* recibimos el premio: una corona incorruptible y a *Yeshúa* mismo. ¡Él es el premio mayor de todos!

Hoy prepárese para correr, ¡y recuerde traer a un amigo!

Día 14

El rey.

$\mathcal{E}$l rey Salomón, *Shlomo Ha Melech*, fue ungido rey de Israel (1 R 1:39). La unción, como parte de la ceremonia de coronación, era algo que se hacía en obediencia a un mandamiento divino. El rey era llamado *el ungido del Señor*. *Yeshúa* no es sólo un rey. Él es el Rey de reyes, Su cantar es el Cantar de los Cantares. Su unción sobrepasa por mucho la unción de Salomón como un rey terrenal. Él es el *Mashiach*, el Ungido de Dios.

En Juan 18:33-38, leemos acerca de Pilato interrogando a *Yeshúa* con respecto a Su reinado. "¿Eres tú el Rey de los judíos?" (v. 33), le preguntó Pilato. *Yeshúa* respondió: "Mi reino no es de este mundo" (v. 36) y: "Tú dices que yo soy rey. Yo para esto he nacido, y para esto he venido al mundo" (v. 37).

¿*Yeshúa* es su Rey? ¿Tiene Él el completo señorío sobre su vida? ¿O es solamente Aquel que le salvó de sus pecados, el Rey de los judíos? Porque para que la salvación sea todo lo que Dios quiso que fuera, y para que su gozo sea pleno, *Yeshúa* debe ser el Rey de su vida. Él está interesado en cada aspecto de nuestra vida y desea ser consultado *antes* de que hagamos nuestros planes. Él es Rey y desea gobernar con supremacía en nuestra vida. Esto involucra sumisión total del corazón a Su voluntad divina.

Yeshúa es un Rey de amor. Él es el Rey Novio. El pueblo judío de Su tiempo estaba esperando otro tipo de rey. Un rey guerrero como David, alguien que pudiera derrocar el régimen romano y establecer Su reino con poder. Pero *Yeshúa* vino a servir en otro tipo de reino: un reino en el corazón. Su Reino es más parecido al de Salomón que al de David. El reino de Salomón fue un reino de paz.

El reinado de *Yeshúa* también trajo paz; sin embargo, esta paz era en el interior, a través de redención y reconciliación con el Dios de Abraham, Isaac y Jacob. En Su segunda venida, nuestro Rey *Mesías* va a venir con los ejércitos celestiales y va a golpear a las naciones con una espada aguda que sale de su boca (Ap 19:14-15). Hasta ese día, tenemos acceso especial al tierno Rey de amor que extiende un cetro de oro a cada miembro de Su Novia al responder al clamor de nuestro corazón y atraernos a una comunión íntima consigo mismo.

En las bodas judías tradicionales, el novio es considerado un *rey* y su novia, su *reina*. Siendo la Novia de *Mesías* –una novia conformada por hombres, mujeres y niños– tenemos un Novio que es un Rey y que quiere darnos un reino con todo su corazón de justicia, paz, gozo ¡y mucho más en el Espíritu de Dios! Pero debemos primero coronarle Rey, soberano sobre nuestra vida, antes de que podamos realmente conocerle como el Novio de nuestra alma.

Si *Yeshúa* es nuestro Rey, entonces Él es nuestro Señor. Cuando Él habla, nosotros debemos obedecer. No puede haber una respuesta como: "No, Señor", cuando *Yeshúa* nos pida hacer algo. Él sabe lo que es mejor. Sus caminos son más altos que nuestros caminos. Él nos ama. Podemos confiar en Él. ¿Le está diciendo a usted que haga algo hoy? La sumisión a Su voluntad y la obediencia a Sus mandamientos son el camino al gozo en el Reino.

Hoy mismo arrodille su corazón delante de *Yeshúa*, el Rey. Llámele su Rey en oración, con amor y reverencia. Dele gloria y honor al Rey de reyes, al Rey de gloria, al Rey de los judíos. ¡Él quiere darle el Reino!

Día 15

El rey me ha metido en sus cámaras.

Cantares 1:4

La palabra hebrea para *cámaras* es *cheder* (se pronuncia *queder*) y significa *un apartamento, cama, parte de más adentro de una cámara*. La cámara es un lugar privado, un lugar de intimidad. Las cámaras de las que se habla en este versículo representan el lugar privado de la morada de Dios o *Yeshúa*. El Dios de Abraham, Isaac y Jacob llevaba a la nación de Israel a Sus cámaras una vez al año, el Día de la Expiación, cuando el sumo sacerdote, como representante del pueblo, pasaba por el velo hacia el Lugar Santísimo llevando la sangre de la expiación con él. Y durante el tiempo que estuvieron en el desierto, Dios moró en medio de Su pueblo en una forma íntima, cubriéndoles con una nube durante el día y calentándoles con Su fuego por la noche. Les alimentó de Su mesa y les dio agua de la roca que les seguía.

Yeshúa nos lleva adentro de sus cámaras al acercarnos al trono de la gracia y ahí le adoramos en *espíritu y verdad*. Cuando Él murió en el madero, el inmenso velo del templo se rasgó en dos, lo cual significa que el acceso al Lugar Santísimo ahora está disponible a través de la sangre derramada por el Rey de los judíos, las veinticuatro horas del día, los trescientos sesenta y cinco días del año. *Yeshúa* está en el lugar más santo de todos, esperándonos. ¡Él desea nuestra compañía mucho más de lo que nosotros deseamos la Suya! ¡Él quiere estar A SOLAS con nosotros para que podamos CONOCERLE! ¡Él ya nos conoce!

En 1980, cuando tenía siete años en el Señor, comencé a estudiar el Cantar de los Cantares. Hasta ese tiempo yo había tenido una relación devocional con el Señor bastante fuerte y estaba pasando por lo menos una hora al día con Él, algunas veces sentada al piano con mi Biblia frente a mí y otras veces en mi habitación.

Mientras el Señor comenzó a atraerme más y más hacia "el Cantar", mi deseo por pasar tiempo a solas con Dios comenzó a crecer. Mi alma tenía hambre y sed de más del Rey. Los cinco años que pasé en las cámaras del Rey, solazándome en Su presencia y deleitándome con Su amor, fueron los mejores años de mi vida. Oraba, luego cantaba, algunas veces danzaba delante del Señor, adoraba, reía, lloraba, leía y luego *escuchaba*. Escuchaba mucho.

Muchas veces Neil tocaba a la puerta de nuestra alcoba y me encontraba de rodillas con un tocado nupcial de flores sobre mi cabeza. Me necesitaba en la oficina del ministerio (la cual por ese tiempo estaba en nuestra casa). Yo le decía: "Apenas estoy en los saludos. Todavía no he comenzado a orar". Nunca voy a olvidar su cara cuando decía: "¿Después de dos horas, apenas vas en los saludos?". Él era tan bueno que me dejaba estar en las cámaras del Rey un poco más.

Ese es el lugar máximo de paz, de gozo y de un amor incondicional que no puede ser puesto en palabras, y aún así ¡es toda una batalla para que la mayoría de nosotros tomemos tiempo para estar a solas con nuestro Rey! Si usted es soltero o casado sin hijos, como yo lo fui durante catorce años, aproveche la ventaja de la maravillosa oportunidad que usted tiene de pasar tiempo ininterrumpido con el Rey en Sus cámaras. Permita que Él le ame, le hable, le toque, se le revele a Sí mismo y le muestre Sus caminos.

No existe absolutamente ningún sustituto para estar a solas con Dios. La *experiencia de las cámaras* puede ser nuestra al permitirle al *Ruach Ha Kodesh* (Espíritu Santo) que nos atraiga más allá del velo.

Dios es tan bueno,

Dios es tan amoroso,

Dios es tan real.

Apresúrese a echarse en Sus brazos amorosos hoy,

En las cámaras del Rey.

Día 16

Mas tú, cuando ores, entra en tu aposento, y cerrada la puerta, ora
a tu Padre que está en secreto; y tu Padre que ve en lo secreto te
recompensará en público.

Mateo 6:6

*E*l *lugar privado* del creyente, mencionado aquí, es un tipo de *cámara o lugar de intimidad, un lugar secreto de oración,* donde Dios nuestro Padre Celestial les da a Sus hijos una cálida bienvenida. Compartimos esta verdad con una querida amiga nuestra quien es judía y una nueva creyente en *Yeshúa,* después de que escuchamos que cada vez que está muy molesta, se mete en un vestidor de su casa y le cuenta todo a su papá, cuyas cenizas están en una caja en ese vestidor. Dijo que de alguna manera se siente mejor después de ventilar toda su frustración y enojo, aunque su padre lleve muchos años de muerto y no pueda escucharla o hacer nada por ella. Dirigimos a nuestra amiga a leer Mateo 6:6, y le dijimos que tiene un Padre en los cielos que está vivo y no sólo escucha nuestras oraciones, sino que ¡responde al clamor de nuestro corazón!

¿Cuál es su concepto de Dios como Padre? ¿Le ve como alguien amoroso, generoso y cuidadoso, o estricto, indiferente y castigador, o un poco de todo? Hemos encontrado a través de los años que la gente tiene un concepto equivocado de Dios Padre y que a menudo está basado en su relación con su padre terrenal.

Un niño que ha sido maltratado, abandonado o ridiculizado por su padre, generalmente tendrá dificultades para ver a Dios como realmente es: un Dios de amor, misericordia, ternura y bondad. Esta es una verdad importante para muchos adultos. ¡El Dios de la Biblia es muy distinto al padre que usted conoció! Su Padre Celestial cree que usted es maravilloso y especial, y está interesado en los detalles de su vida.

"Dios no es hombre, para que mienta, ni hijo de hombre para que se arrepienta", (Nm 23:19). Esta fue una profecía dada por Balaam en obediencia a Dios. Balaam siguió con su profecía y dijo que había recibido la orden de bendecir, y que cuando Dios bendice, es irreversible.

Hoy tengo el sentir en mi espíritu de que Dios quiere bendecirle. Él es el Padre de bendiciones. La bendición que Él quiere impartir es una revelación profunda de la Paternidad de Dios y de Su amor por usted, Su hijo. Hasta que no conozca el amor de Dios como Padre, usted no será plenamente capaz de comprender el amor de *Yeshúa* como el Novio de su alma.

Vaya a su aposento. Cierre la puerta. Ore a su Padre en el lugar secreto. Derrame su corazón a Él. Renuncie a todo espíritu de rechazo, engaño, autocompasión y condenación. Dele la bienvenida y reciba el amor de su Padre Celestial, del Espíritu Santo de Dios, el Espíritu de Verdad. Él le acepta tal y como usted es. Hay un secreto que Él quiere que usted sepa: que Dios, su Padre Celestial, ¡está loco por usted!

Día 17

Nos gozaremos y alegraremos en ti.

Cantares 1:4

El primer fruto de la experiencia de la cámara es GOZO. Algunas veces me pregunto por qué a tantos creyentes les falta gozo. ¿Será que los estudios bíblicos, las reuniones de oración, los servicios de adoración y otros programas han reemplazado el fundamento básico del caminar en santidad: tiempo a solas con el Rey?

La palabra hebrea para *gozaremos* es *giyl* (se pronuncia guil). Viene de una raíz que significa *girar bajo la influencia de una emoción fuerte.* ¡Este tipo de gozo no es pasivo! La Novia de *Mesías* debería estar danzando de gozo por su unión con el Amado. "¡Soy amada! ¡Me desea! ¡Me ha escogido!". Estos son sentimientos basados en hechos; deberían levantar alas en exclamaciones jubilosas.

La palabra hebrea para *alegraremos*, en este versículo, es *samach*, y significa *alegrarse, animarse, o ser feliz.* Algunas veces, las circunstancias de la vida son de tal manera que no sentimos ganas de regocijarnos. Aquí es donde entra la *voluntad.* La *voluntad*, de hecho, es ejercida cuatro veces en el versículo cuatro: "Correremos", "nos gozaremos", "nos alegraremos", "nos acordaremos". Las Sagradas Escrituras nos exhortan a regocijarnos como un acto de nuestra voluntad, a pesar de las circunstancias externas. Hacer esto es un verdadero acto de fe y confianza. Dios se agrada cuando ejercitamos nuestra voluntad y nos regocijamos en Él en los momentos en que todo lo demás parece estar desmoronándose a nuestro alrededor. Él ve lo que nosotros no podemos ver y opera de acuerdo con una realidad espiritual que es mucho mayor que la realidad física en la que tendemos a vivir día con día.

Aún recuerdo haberme regocijado y alabado a Dios mientras sostenía la mano de mi padre y él exhaló su último suspiro. Era un momento en el que no era posible experimentar gozo, pero la realidad del cielo inundó mi alma. Estaba tan agradecida de que después de años de resistir, mi papá iba camino a casa.

El gozo está conectado continuamente con la PRESENCIA de DIOS. Uno de mis versículos favoritos es el Salmo 16:11: "En tu presencia hay plenitud de gozo; delicias a tu diestra para siempre". Va a haber un *gozo inefable*, y *plenitud de gozo* en el cielo y puede haber *plenitud de gozo* en la tierra, también. *Yeshúa* nos prometió ese gozo antes de que fuera a la cruz. Él lo dijo en Juan 15:11: "Estas cosas os he hablado, para que mi gozo esté en vosotros, y vuestro gozo sea cumplido". ¿Qué cosas? *Yeshúa* acababa de terminar de instruir a Sus discípulos para permanecer en Su amor. Este era el secreto de tener el gozo de *Yeshúa* en su vida. ¿Cómo permanecemos en Su amor?

Así viva en Él, muévase en Él, tenga todo su ser en Él, pase tiempo en Su presencia y permita que Su Palabra queme profundamente en su corazón, para que guardar Sus mandamientos se vuelva tan natural como respirar.

Reciba el amor de *Yeshúa* y sobrenaturalmente el gozo fluirá.

¿Necesita un lugar específico para comenzar?

Regocíjese de que su nombre esté escrito en el cielo.

Día 18

Nos acordaremos de tus amores más que del vino.

Cantares 1:4

Un tema que corre a lo largo de la Escritura, es recordar a Dios y todo lo que Él ha hecho por Su pueblo. Es fácil olvidar las expresiones de amor que experimentamos la semana pasada, el mes pasado o el año pasado cuando el *hoy* es lo que realmente nos importa: "¿Qué ha hecho Dios por mí *hoy?*" es una actitud que todos somos culpables de adoptar, sin embargo, cuando volteamos y vemos las evidencias en nuestra vida del amor que nos ha mostrado en el pasado, nuestra fe se fortalece grandemente y nuestra esperanza se renueva.

En el libro de Éxodo, Dios le dijo a Su pueblo que recordaran el día en que Él *les sacó de la casa de esclavitud.* En Números, les ordenó que les hicieran flecos a los bordes de sus mantos para *recordar todos los mandamientos de Dios y ponerlos por obra.* En Deuteronomio, el Señor le dijo a Su pueblo que recordara como Él *les había guiado por todo el camino* durante los cuarenta años que permanecieron en el desierto, cómo les alimentó con maná y cuidó sus vestidos para que no se desgastaran. Y les instó a recordar que es *Dios* quien le da a Su pueblo *el poder para hacer riquezas.*

El último *recordatorio* que está en las Escrituras del Antiguo Testamento se encuentra en Malaquías 4:4, donde el Señor de los ejércitos exhorta a Su pueblo: "Acordaos de la ley de Moisés mi siervo, al cual encargué en Horeb ordenanzas y leyes".

Las exhortaciones a recordar al Señor, Su cuidado amoroso, Su Palabra, Sus obras maravillosas y Su provisión para Su pueblo siguen en el *Brit Ha Dasha* (Escrituras del Nuevo Pacto) donde *Mesías*, *Yeshúa*, relaciona el recordar con Su sacrificio por nuestro pecado. Refiriéndose a la copa de la redención y la *matzá* sin levadura de *Pésaj*, *Yeshúa* dijo: "Esto es mi cuerpo, que por vosotros es dado; haced esto en memoria de mí (...) Esta copa es el nuevo pacto en mi sangre, que por vosotros se derrama" (Lc 22:19-22).

Por eso, usted recuerde a *Yeshúa*. Recuerde Su amor. Recuerde Su muerte y resurrección.

En nuestra vida como creyentes hubo un tiempo en el cual Neil y yo experimentamos una lluvia de ataques del enemigo durante algunos meses seguidos. Sentíamos la necesidad de ser fortalecidos diariamente y buscábamos al Señor para que nos diera dirección. Nos llevó a participar de la cena del Señor (la *matzá* y el fruto de la vid del *seder* de *Pésaj*) todos los días en nuestro hogar, para recordar Su amor y Su victoria en el Calvario, y para apropiarnos esa victoria en nuestra vida. Este acto diario de recordar a *Yeshúa* fue una poderosa arma espiritual para nosotros. Pudimos triunfar en *Mesías* al recordarle.

Desde que comenzamos a caminar con Dios, también descubrimos una manera de recordar el amor de Dios. Le llamamos *libros de milagros*. Cuando Dios nos hablaba en Su Palabra, cuando contestaba oraciones, nos revelaba una verdad acerca de nosotros mismos o algo en la Biblia, o simplemente nos mostraba más de Sí mismo, lo escribíamos en un pequeño libro. Algunas veces releíamos nuestros libros de milagros para animarnos a nosotros mismos en el Señor y fortalecer nuestra fe. Veíamos todo lo que Dios había hecho en el pasado, y nos dábamos cuenta de que *Él es el mismo ayer y hoy y por los siglos* y de que ¡Su amor nunca falla! No *olvidemos ninguno de Sus beneficios* y recordemos Su amor como un ejercicio espiritual diario.

¿Por qué no comenzar hoy?

"Recuerdo el día que *Yeshúa* me salvó..."

"Recuerdo la ocasión cuando Dios me sanó..."

"Recuerdo cuando Dios envió un amigo para ayudarme..."

"Recuerdo..."

Día 19

Con razón te aman.

Cantares 1:4

La palabra hebrea usada para decir *razón* indica *rectitud y justicia*. Rashi un famoso erudito judío, interpreta *rectitud* en este versículo como un sustantivo adjetivado: "La sinceridad de su amor por ti, un amor fuerte, recto y carente de engaño o rudeza". Por lo tanto, podemos reconfigurar el texto para que se lea, "Sinceramente te aman".

¿Qué es amor sincero para Dios? ¿Alguna vez ha estado en un servicio de adoración en el que la congregación entera cantó cosas como: "Nada de lo que deseo se compara a Ti" o "Tú eres todo lo que necesito"? ¿Lo hizo sentirse incómodo? Algunas veces me siento pecadora al escucharme cantar palabras parecidas a esas a Dios. ¿Es realmente verdad lo que le estoy cantando? Me detengo a pensar en eso y le pido al Espíritu Santo que examine mi corazón.

En Jeremías 17:9 dice: "Engañoso es el corazón más que todas las cosas, y perverso". Realmente no conocemos nuestro propio corazón. Es muy fácil ir por ahí diciéndole a la gente cuánto amamos a Dios, pero la verdad del asunto es que nuestro amor por Él se mostrará por lo que hacemos, ya sea que le proclamemos verbalmente o no.

Las Sagradas Escrituras nos dicen que el amor sincero siempre culmina en acción. *Yeshúa* lo expresó como dice en Juan 14:15 y 21: "Si me amáis, guardad mis mandamientos (...) El que tiene mis mandamientos, y los guarda, ése es el que me ama; y el que me ama, será amado por mi Padre, y yo le amaré, y me manifestaré a él".

El sincero amor a Dios nos impulsa a vivir conforme a Su Palabra. Está mezclado con un temor piadoso que nos mantiene dispuestos a ser enseñados y abiertos a la corrección de otros, así como a la del Espíritu Santo.

La palabra *sinceridad* viene de dos palabras latinas: *sine* y *cere*, lo cual significa *sin cera*. En la antigüedad, un alfarero a menudo le ponía su sello o monograma a una vasija terminada con las palabras *sine cere*. Esto significaba que, a su entender, no había defectos en esa pieza. Si un alfarero quebraba una vasija, cuidadosamente reparaba el jarrón o vaso llenando la rajadura con cera. Entonces la barnizaba, pero no merecía la marca *sine cere* (sin cera) porque no era una pieza de alfarería sin defectos.

Posiblemente su amor por Dios no ha sido sin defectos. Arrepiéntase, y pídale al Padre que le ayude a amarle en sinceridad y verdad. Dios está llamando a Sus hijos en estos últimos días a una transparencia mayor. El pecado se esconde, busca lugares oscuros. La verdad y la sinceridad vienen a la luz. No tienen nada que esconder. Y en la luz, hay comunión con Dios así como con los miembros de nuestra familia y nuestros hermanos y hermanas en el Señor.

Bien haríamos en escuchar las palabras que el Señor Dios de Israel habló a través de Josué, antes de su muerte, a todas las tribus de Israel: "Ahora, pues, temed a Jehová, y servidle con integridad y en verdad; y quitad de entre vosotros los dioses a los cuales sirvieron vuestros padres al otro lado del río, y en Egipto; y servid a Jehová" (Js 24:14).

Ore conmigo:

> *Padre Celestial, quiero amarte con sinceridad y en verdad. Quiero que mi vida sea "sincera", sin defectos ocultos para que Satanás no tenga terreno, ni puerta para entrar. Ayúdame a rendirme a Tu Espíritu mientras me moldeas y me haces una vasija para Tu gloria. Por favor, abrázame fuerte en el proceso de horneado.*
>
> *En el nombre de Yeshúa.*
>
> Amén

Día 20

*Morena soy, oh hijas de Jerusalén, pero codiciable como las tiendas
de Cedar, como las cortinas de Salomón.*

Cantares 1:5

*É*sta es la confesión de la novia después de la "experiencia
de la cámara". Isaías tuvo una experiencia similar, como
se registra en Isaías 6:1, 5: "En el año que murió el rey Uzías vi
yo al Señor sentado sobre un trono alto y sublime, y sus faldas
llenaban el templo… Entonces dije: ¡Ay de mí! que soy
muerto; porque siendo hombre inmundo de labios, y habi-
tando en medio de pueblo que tiene labios inmundos, han
visto mis ojos al Rey, Jehová de los ejércitos".

Cuando somos atraídos a la presencia del Rey contem-
plamos Su gloria, Su pureza, Su poder, y sentimos un fuerte
contraste entre quién es Él y ¡quiénes somos nosotros!
"Morena soy, pero codiciable", es una declaración realista de
quién es la Novia de *Mesías*. El color de piel *oscuro* (tinieblas)
aquí representa la vida egoísta, la mente que no ha sido reno-
vada, esa parte de nosotros que fue crucificada y sepultada
junto con *Mesías*. Conforme vamos creciendo en *Yeshúa*, debe
haber cada vez menos evidencia de *oscuridad* en nosotros.

En la creación Dios muestra un patrón de ir de la oscuridad
a la luz. Leemos en el libro del Génesis que el día comienza en
la tarde, al oscurecer. No es el estilo de Dios terminar en oscuridad. Él nos lleva de la oscuridad a la luz. ¡Tenemos un futuro
que es más luminoso que nuestro presente! Pero, en este
momento, no importa cuánta oscuridad haya en nuestra vida,
el Novio nos ve como *codiciables:* hermosos, perdonados,
nuevas criaturas con una nueva naturaleza. Mientras es cierto
que todavía no somos perfectos, estamos en el proceso de
serlo. Necesitamos estar a cuentas con nuestro adversario

(Satanás) en las áreas oscuras de nuestra vida e inmediatamente dejarlas atrás y avanzar. Nuestro enemigo trata de hacer que nos enfoquemos en nuestras incapacidades y errores, pero la Escritura señala claramente que *en Yeshúa*, estamos completos. ¡Somos *aceptos en el Amado!*

Este versículo es un excelente ejemplo del paralelismo hebreo. La expresión "como las tiendas de Cedar" contrasta con "como las cortinas de Salomón". *Cedar* se refiere a una tribu de nómadas descendientes de Ismael que vivían en tiendas negras hechas de piel de cabra (Gn 25:13; Sal 120:5). Era un pueblo bélico. Este es un alto contraste con *Salomón* quien representa *paz*. *Además las cortinas de Salomón* que adornaban el tabernáculo eran de azul, púrpura, carmesí y fino lino blanco con querubines tejidos en ellas; nada parecido a una tienda de piel de cabra.

El versículo 5 es un estudio en contrastes. En un nivel está la doncella sulamita, como una trabajadora de clase baja en los campos cuya piel se oscureció por la extensa exposición al sol. Las hijas de Jerusalén, a las cuales ella se dirige, son damas consentidas de la corte, de piel pálida. En esos días, no estaba de moda asolearse para tener la piel bronceada. La sulamita trata de hacer que *las hijas* vean más allá de su color exterior, hacia su belleza interior.

Nuestra belleza interior no es nuestra sino del Señor, porque en *nosotros no mora el bien.* Sin embargo, hemos sido lavados, limpiados, hechos nuevos a través de la sangre del Cordero.

Nosotros somos *codiciables* en *Mesías.* Él nos ve a través de los ojos del amor. Él nos ve *en Él* y nos ve como seremos. Él ve las cortinas blancas, azules y escarlatas en nosotros. El blanco habla de justicia y pecados perdonados; el azul, de la naturaleza divina que nos ha sido impartida en *Yeshúa;* el rojo, de Su sangre que nos ha limpiado de todo pecado; y el púrpura, de Su majestad y de nuestro llamado al sacerdocio santo. Que nuestra confesión hoy sea: "Soy morena, pero codiciable". Ninguno de nosotros es perfecto todavía. Estamos en el proceso de serlo. La humildad, acompañada de la seguridad de nuestra posición en *Mesías*, es la actitud más apropiada de la Novia de *Yeshúa.*

Día 21

Oh hijas de Jerusalén.

Cantares 1:5

*L*as *hijas de Jerusalén* representan un papel de apoyo en el Cantar de los Cantares. Durante siglos se ha especulado acerca de su identidad tanto por eruditos judíos como por cristianos. De acuerdo con muchos expositores judíos ortodoxos, las *hijas de Jerusalén* representan al *goyim*, las naciones del mundo, ya que el día vendrá, cuando gente de todos los países subirá a Jerusalén. Por lo tanto, en un sentido poético, son sus *hijas*.

Si seguimos esa línea de razonamiento, entonces Israel es quien dice: *"Soy morena, pero codiciable"*. Verdaderamente, el corazón de Dios anhela ese día en el que Israel reconozca su oscuridad espiritual. Es difícil para un pueblo que ha sufrido tanto a manos de los "cristianos", y que ha hecho tantas grandes contribuciones humanitarias, científicas y literarias al mundo, verse a sí mismo como "pecadores". Si nos comparamos con un Dios Santo, contrario a compararnos con nuestro prójimo, lo haría más comprensible. Ore por el pueblo judío. Su redención está a una oración de distancia; y con su redención, la plenitud más profunda y la mayor realización que un judío pueda tener.

Muchos comentarios cristianos tradicionales definen a *las hijas* como *aquellos que están cerca del reino, pero no están en él*. No son *las vírgenes*. No son *la Novia*. Posiblemente puedan muy bien representar al mismo grupo al cual se refirió *Yeshúa* en Lucas 23:28, personas relacionadas con Dios a través de un pacto: "Hijas de Jerusalén, no lloréis por mí, sino llorad por vosotras mismas y por vuestros hijos".

Estas hijas pueden representar a los habitantes de la ciudad de Jerusalén o, en un sentido más amplio, a todo el pueblo judío. La novia solamente está comenzando a dialogar con ellas. Ella quiere que el pueblo judío vea la belleza del Rey y no su propia negrura. La Novia de *Mesías* ha sido llamada *desde la fundación del mundo* para provocar a celos a los judíos. Tristemente, en gran parte, ella se las ha arreglado hasta ahora para provocar a los judíos.

Cuando los verdaderos creyentes en *Yeshúa Ha Mashiach* comiencen a caminar en amor y humildad, en sinceridad y verdad delante del pueblo judío, habrá un diálogo significativo. Los judíos están hambrientos hoy en día; están buscando la realidad espiritual. Ore para que puedan ver la belleza de *Mesías* en usted. Ore *¡por la paz de Jerusalén!* Interceda por *las hijas de Jerusalén.* Recuerde que a ellos les pertenecen *la adopción, la gloria, los pactos, haber recibido la ley, el servicio a Dios y las promesas* (Ro 9:4).

¡Dios no ha terminado con el pueblo judío! Al contrario, este es el día en el cual los está atrayendo a través de Su Espíritu y les está revelando a su *Mesías.* En la misma forma en la que el Señor sopló aliento de vida al hombre en el huerto de Edén (¿un beso?), Él está besando al pueblo judío hoy, y están surgiendo nuevas criaturas en *Mesías.* Si usted nunca le ha hablado de *Yeshúa* a una persona judía, pídale a Dios que le dé la oportunidad. ¡Usted *ha sido llamado al reino para un tiempo como éste!* Usted tiene un tesoro especial que compartir con *las hijas de Jerusalén: a Yeshúa,* ¡la joya judía más preciosa de todas!

Día 22

No reparéis en que soy morena, porque el sol me miró.

Cantares 1:6

nadie le gusta que su pecado sea expuesto. Esconder el pecado es lo que hacemos de manera natural. Lo vemos en el mismo principio de los tiempos, en el huerto de Edén. La Biblia nos dice que Adán y Eva se escondieron de la presencia del Señor Dios después de que comieron el fruto prohibido (Gn 3:8).

Por eso, permitir que nuestro pecado sea expuesto, no insistir en que la vida interna sea tratada en secreto, ser honesto y transparente delante de Dios y de otros, es una obra de gracia sobrenatural. También es gran sabiduría. Si podemos hablar de nuestras áreas de tentación y pecado con alguien más, no sólo reclutamos gente que nos apoye en oración, sino que exponemos la oscuridad en forma tal que su lazo sobre nosotros sea soltado. Sobre eso, somos instruidos en Santiago 5:16: "Confesaos vuestras ofensas unos a otros, y orad unos por otros, para que seáis sanados. La oración eficaz del justo puede mucho".

Todos tendemos a ser rápidos para dar razones por nuestra oscuridad, tal como la sulamita dio su explicación del sol. Nos justificamos y racionalizamos las cosas. Como yo, en este momento, me acabo de dar cuenta (coincidentemente) de que he estado aquí sentada en el jardín escribiendo durante casi cuatro horas, y el sol de Florida está oscureciendo mi piel. Sí, estoy utilizando loción bloqueadora; sin embargo, probablemente debería estar dentro de la casa en lugar de estar aquí afuera. Pero me justifico o racionalizo la situación: 'Se siente tan agradable estar al sol, ¡además, mi cabello tendrá un tono más claro si me quedo aquí afuera todo el día!'. Tenemos razones para todo lo que hacemos. Y, si las cosas salen mal, tendemos a culpar a alguien más, muchas veces a Dios mismo. Pero nadie nos fuerza a pecar. Nosotros *escogemos* exponernos al sol: violencia, profanidad o iniquidad en muchas formas.

Las palabras "Perdóname, Padre. He pecado", son palabras dulces para el corazón y los oídos de nuestro Dios. El arrepentimiento restaura nuestra relación con el Señor y nos libera. Nunca olvide usted la promesa maravillosa de perdón que encontramos en 1 Juan 1:9: "Si confesamos nuestros pecados, él es fiel y justo para perdonar nuestros pecados, y limpiarnos de toda maldad".

El arrepentimiento diario es un requisito para la Novia de *Mesías*. Sin él, bloqueamos el fluir del amor de Dios en nuestra vida. *Yeshúa* se deleita en perdonar nuestro pecado. Él murió por nosotros, "siendo aún pecadores" (Ro 5:8).

Salomón, el rey de Israel amó a la sulamita, campesina, incluso en su condición de oscuridad. De la misma forma, *Yeshúa* nos amó mientras todavía estábamos sumergidos en pecado. Él nos buscó en los caminos de la vida. Conociendo nuestras incapacidades y todas nuestras faltas, aun así nos ama. ¡Qué milagro! Su gracia es *mayor que todos nuestros pecados.*

¿Usted ha pecado? ¡Confiéselo, abandónelo y siga adelante con Dios!

Posiblemente, como una amiga mía, alguien pecó contra usted cuando era niño. Debbie sufrió maltrato y abuso sexual por parte de sus dos padres. No había límites en el hogar bastante disfuncional en el que ella creció sintiéndose violada y sucia. Cuando Debbie recibió a *Yeshúa* como su *Mesías*, comenzó un proceso de sanidad, y fue capaz de llevar su pecado de las tinieblas a la luz. Hoy, ella es una parte hermosa de la Novia de *Mesías*.

Ya sea que nuestra oscuridad espiritual sea el resultado de nuestro pecado o del pecado de otros, la solución es la misma: la obra limpiadora de Dios. Estoy tan agradecida por la maravillosa verdad expresada en 1 Juan 1:7: "La sangre de *Yeshúa Ha Mashiach*, Su Hijo, nos limpia de todo pecado".

Día 23

Los hijos de mi madre se airaron contra mí;
me pusieron a guardar las viñas.

Cantares 1:6

*S*iempre es más sencillo culpar a otros que responsabilizarnos por nuestra conducta. Esto es particularmente evidente en la piedra fundamental del Cuerpo de creyentes: el hogar. La familia llega tarde a las reuniones, nadie tiene calcetines limpios, el perro se salió, el envase de la leche está vacío. Otra persona tiene la culpa. Este patrón de comportamiento comenzó con la primera familia, con Adán.

Cuando Dios le preguntó a Adán si había comido del árbol del cual Él le había mandado que no comiera, Adán respondió: "La mujer que me diste por compañera me dio del árbol, y yo comí" (Gn 3:12). Adán culpó a Eva. Él no se responsabilizó de sus propias acciones. De la misma forma, las esposas culpan a los esposos, los hijos culpan a sus padres y unos a otros, y así, mientras racionalicemos y no estemos dispuestos a aceptar la responsabilidad y dar cuentas. De la misma forma, la sulamita culpa a los hijos de su madre por su propia condición.

¿A qué madre se está refiriendo la doncella sulamita aquí? La que la dio a luz podría ser llamada la Iglesia, el Cuerpo o el "sistema de gracia" en un sentido global. Los hijos de su madre pueden ser entonces otros creyentes, o miembros de la misma familia espiritual.

Desgraciadamente, así como culpamos a otros dentro de nuestras familias naturales, los creyentes muchas veces son rápidos para culpar a sus hermanos o hermanas en el Señor, especialmente a aquellos en posiciones de liderazgo. El pastor o rabino es a menudo el que está *equivocado*.

La "Novia" parece estar diciendo en este versículo que ha

sido obligada a hacer algo en contra de su voluntad. Posiblemente había sido fuertemente animada a convertirse en maestra de escuela dominical o servidora en las cunas, o a ser una obrera en el Cuerpo de *Mesías*. Posiblemente había sido exhortada a *involucrarse*.

Hacer lo que otros quieren en lugar de buscar la dirección de Dios y hacer Su voluntad nos lleva al resentimiento. No podemos culpar a nadie más, excepto a nosotros mismos cuando vamos más allá de lo que Dios nos ha pedido que hagamos. Señalar con el dedo a alguien más no agrada a nuestro Padre.

El Señor habló algunas palabras a través del profeta Isaías, en el capítulo 58:9-11, ahí nos dice lo que Dios hará a los que le obedecen: "Entonces invocarás, y te oirá Jehová; clamarás, y dirá él: Heme aquí. Si quitares de en medio de ti el yugo, el dedo amenazador, y el hablar vanidad (...) serás como huerto de riego".

Un huerto de riego, un hermoso viñedo nos va a caracterizar cuando aprendamos a decir: "Fue mi culpa", "Lo siento", "Por favor, perdóname" y "Me equivoqué". Todas estas son frases sanas que elevan el espíritu y que provienen de un alma humilde que está comprometida a hacer la voluntad de Dios. A tal persona *Yeshúa* le da abundante gracia.

¿Eso lo incluye a usted? ¡Así puede ser!

Por favor, ore conmigo:

"Examíname, oh Dios, y conoce mi corazón; pruébame y conoce mis pensamientos; y ve si hay en mí camino de perversidad, y guíame en el camino eterno" (Sal 139:23-24). Ayúdame a aceptar la responsabilidad por mis acciones y decir: "Lo siento. Por favor, perdóname. Me equivoqué", mientras me das la gracia para humillarme ante Ti y los demás.

Día 24

Y mi viña, que era mía, no guardé.

Cantares 1:6

*E*sta parte del versículo seis siempre ha tenido un efecto poderoso de convencimiento de pecado en mí. Tantas veces he defraudado al Señor, lo he ignorado, he contristado Su corazón, lo he entristecido, al descuidar mi propia viña: mi relación personal con Él. Esta es un área de peligro potencial, especialmente para aquellos que sirven al Señor de tiempo completo. Tendemos a volvernos tan ocupados "cuidando las viñas" que a nuestro propio viñedo le asignamos una prioridad baja. ¡Esto es pecado!

Proverbios 24:30-34 aborda este problema espiritual: "Pasé junto al campo del hombre perezoso, y junto a la viña del hombre falto de entendimiento; y he aquí que por toda ella había crecido los espinos, ortigas habían ya cubierto su faz, y su cerca de piedra estaba ya destruida. Miré, y lo puse en mi corazón; lo vi, y tomé consejo. Un poco de sueño, cabeceando otro poco, poniendo mano sobre mano otro poco para dormir; así vendrá como caminante tu necesidad, y tu pobreza como hombre armado".

Cuando somos perezosos con nuestra viña espiritual el resultado es pobreza. Somos el huerto de Dios. Nuestra mayor *obra* es conocerle. Y eso sucede cuando mantenemos nuestra propia viña libre de hierbas malas (a través de la confesión de pecado), bien regada (a través de tiempo en la Palabra y en oración), y con el muro levantado y firme (a través de vestirnos de toda la armadura de Dios a diario).

He pasado más tiempo de lo normal últimamente en nuestro jardín. Los arbustos que crecían a lo largo de nuestra cerca estaban casi muertos, por lo que los reemplazamos con nuevas plantas "ficus". Teníamos que regarlas durante dos semanas para que pudieran tener un buen arranque. Le dije a Neil que sería fiel en regar las plantas y lo he sido, pero Dios ha sido todavía más fiel. Él ha enviado agua del cielo por lo menos cada tercer día desde que plantamos los arbustos. Aprendí una lección de esto: si solamente estamos *dispuestos*, Dios se va a encontrar con nosotros ¡más allá de la mitad del camino!

Ayer tuvimos que reemplazar mi árbol favorito el cual estaba al frente de la casa. Nuestro rabino nos lo había donado como un regalo de Hanukkah. Se llama "tibouchina" o *árbol de gloria púrpura*. Había invertido un año y medio fertilizándolo, cuidándolo, orando por él y disfrutándolo en grande, mientras florecía y crecía. Entonces, de pronto, comenzó a morir. Noté ciertas marcas en la corteza del tronco donde, sin duda, la máquina del jardinero había lastimado al árbol. En unas pocas semanas, el árbol de gloria estaba muerto. Llamamos por teléfono a muchos viveros en la zona tratando de encontrar otro árbol (vienen de California), y finalmente encontramos uno. Era exactamente del mismo tamaño que el que acababa de morir. Lo plantamos ayer, y es como si hubiéramos tenido una resurrección de los muertos. El servicio de jardinería acordó pagar por él, y estamos esperando que la gloria del segundo árbol exceda la gloria del primero.

Dios es un Dios de restauración quien puede hacer ¡todas las cosas nuevas! Atienda su viña. Dios proveerá agua para usted. Enviará lluvia de bendiciones. Y *la gloria postrera* (fruto) de su relación con *Yeshúa* será mayor que nada de lo que ha conocido en el pasado. ¡Lo mejor está aun por venir!

P.D. Pero espere una batalla. El segundo árbol de gloria púrpura también sucumbió con la podadora. El servicio de jardinería pagó otra vez un nuevo árbol. Este era aun más glorioso que los primeros dos ("de gloria en gloria"). Finalmente, nos dimos cuenta de lo que había que hacer y construimos un pequeño cerco alrededor del árbol número tres.

P.P.D. ¡No podía creer lo que estaba viendo! El otro día descubrí que la podadora había sido usada *dentro* del cerco de cemento. ¡Parece ser que habrá un árbol de gloria número cuatro!

Día 25

Hiciste venir una vid de Egipto.

Salmos 80:8

*L*a vid o *la viña*, como metáfora, se encuentra presente a lo largo de las Sagradas Escrituras. Un estudio de algunas de estas referencias nos puede ayudar a entender más claramente el plan de Dios para la viña de la sulamita (nuestra viña).

Dios sacó un pueblo de Egipto y los hizo una nación en el monte Sinaí cuando les dio Su Ley (su contrato matrimonial). Escogió al pueblo judío como Su esposa; debía ser una vid que diera frutos alrededor de Su mesa. Dios plantó Su vid, le preparó lugar, e hizo que tuviera raíces profundas, y la vid llenó la tierra que Dios le había prometido a Su pueblo (Sal 80:8-9).

También leemos acerca de la vid de Dios (en realidad es llamada Su *viña*) en el libro de Isaías capítulo 5 en una *mashal*, o parábola hebrea. El Señor esperaba que su vid produjera uvas buenas, pero en su lugar, produjo uvas silvestres (mal fruto). El juicio de Dios sobre Su viña, llamada *la casa de Israel* en el versículo 7 es muy duro en realidad: "Os mostraré, pues, ahora lo que haré yo a mi viña: Le quitaré su vallado, y será consumida; aportillaré su cerca, y será hollada. Haré que quede desierta; no será podada ni cavada, y crecerán el cardo y los espinos; y aun a las nubes mandaré que no derramen lluvia sobre ella" (Is 5:5-6).

Leemos en el *Brit Ha Dasha*, en Juan capítulo 15, que el juicio sobre cualquiera que no permanezca en *la Vid (Yeshúa)*, es ser echado fuera como pámpano, y ser lanzado al fuego y ser quemado (Jn 15:6). También leemos en Mateo 3:10, que aquellos que no den buen fruto tendrán un destino similar: "Y ya también el hacha está puesta a la raíz de los árboles; por tanto, todo árbol que no da buen fruto es cortado y echado en el fuego".

Las vides que Dios planta son para que den buen fruto. ¿Qué le pasó a Israel? ¿Qué nos sucede a nosotros cuando no somos fructíferos?

Una de las cosas que suceden es que la vid que Dios sacó del Egipto espiritual vuelve a quedar en cautiverio, atada a las mentiras, temores, dudas, los afanes y engaños de este mundo.

Si continuamos leyendo en Isaías capítulo cinco, el profeta dice: "Por tanto, mi pueblo fue llevado cautivo, porque no tuvo conocimiento; y su gloria pereció de hambre, y su multitud se secó de sed" (Is 5:13). Si ignoramos quien es Dios realmente y lo que Su Palabra dice acerca de cómo debemos vivir, terminamos llamando a lo malo bueno y a lo bueno malo. Nos hacemos sabios en nuestros propios ojos. Valientes para beber vino y fuertes para mezclar bebida, le quitamos al justo su derecho. (Is 5:20-23.) Esto es precisamente lo que ha sucedido en los Estados Unidos, un país que alguna vez fue "cristiano", y está en peligro de suceder en el Cuerpo de creyentes también.

Algunos (aunque no todos) en Israel están en cautiverio por rechazar la Ley del Señor y menospreciar al Santo de Israel. Algunos (aunque no todos) en la Iglesia están en ataduras por decidir qué partes de la Biblia aceptar para descartar el resto. Esto no es buen fruto.

El buen fruto crece cuando los creyentes permanecen en *Yeshúa*, la vid verdadera, y caminan en Su verdad. La verdad nos hace libres. El pueblo que Dios sacó de Egipto estaba vivo y fue libre. Fueron redimidos por la sangre del Cordero. La Novia de *Mesías* ha sido llamada para ser una vid fructífera, viva, libre y redimida por la sangre del Cordero.

Señor, ayúdanos a cumplir con Tu llamado de llevar fruto. Gracias por la vida nueva en *Yeshúa*, la vid verdadera. Quiero asirme de Él, y permanecer en Él por siempre.

Amén

Día 26

Hazme saber, oh tú a quien ama mi alma...

Cantares 1:7

*A*lma en hebreo es *nephesh*, una palabra que literalmente significa *una criatura que respira* y viene de la raíz *respirar*. Este sustantivo se refiere a *la esencia de la vida, el acto de respirar*, y puede ser traducido como *ser interior* en español.

La palabra *amor* en este versículo es *ahavah*, la misma palabra utilizada en Deuteronomio para expresar una idea paralela respecto a un alma que ama: "Oye, Israel: Jehová nuestro Dios, Jehová uno es. Y amarás a Jehová tu Dios de todo tu corazón, y de toda tu ALMA, y con todas tus fuerzas" (Dt 6:4-5).

Este tipo de amor a Dios es el que han exhibido los mártires a través de los años (tanto judíos como cristianos). Con su último aliento, dieron gloria a Dios. Demostraron qué es amar a Dios con toda su alma. Judíos o no, personificaron el *corazón judío* que Dios anhela encontrar en Sus hijos.

Neil a menudo cita la historia de *Faithful Unto Death (Fiel hasta la muerte)*, un libro acerca de quince jóvenes que no tuvieron temor de morir por su fe. Esta historia hizo un impacto duradero en su caminar con el Señor. Nos sigue hablando acerca de lo que significa amar al Señor con toda el alma de uno.

Joost Joosten un anabaptista de dieciocho años de edad, que vivía al sudoeste de los países bajos en el siglo dieciséis, entendió la fe como la confianza personal que uno tiene en *Mesías*, más que un credo proveniente de la doctrina cristiana, en una época en la que iba contra la ley pensar de esta manera. Fue arrestado poco después de su decimoctavo cumpleaños, fue encarcelado y torturado en un esfuerzo por hacerle desistir de su fe. Emplearon varios métodos de tortura, como estirar su cuerpo sobre un bastidor, pero Joost no cedía.

Finalmente, después de que otros métodos de tortura fracasaron, los inquisidores desarrollaron un nuevo procedimiento que seguramente quebrantaría su voluntad. El instrumento de tortura era llamado el *teerlingen* de acero. Sentaron a Joost en una silla, los verdugos introdujeron barras puntiagudas de acero en sus rodillas y a través de presionarlas y girarlas se las metieron por las piernas hasta que le salieron por los tobillos. Incluso los hombres que le estaban torturando estaban conmovidos por su sufrimiento, y el espíritu y la fe con los que resistió.

Joost no pudo ser forzado a rendirse. Su fe en Jesús solamente se fortaleció, por lo que se aprobó una sentencia de muerte en la que debía ser quemado. Joost fue llevado de la prisión a la choza de paja en la que iba a ser ejecutado. A pesar del dolor de caminar con sus piernas tan lastimadas, cantaba con gozo. Cuando llegó al área de la ejecución, testificó de su fe en *Mesías* y la causa por la que moría. Joost levantó su voz y cantó su composición favorita: "Oh Señor, tú estás siempre en mis pensamientos". Entonces caminó hacia dentro de la pequeña choza de paja.

El amor profundo que está dispuesto a sacrificarse por el Señor no se genera por la mente, y no puede ser producido por ninguno de nosotros. Está enraizado en el Espíritu del Señor quien inunda el alma con amor sobrenatural de una manera similar al amor que es impartido cuando una madre ve a su hijo recién nacido por primera vez. Pero hay una gran diferencia. El recién nacido no ha hecho nada para merecer un amor así, pero Dios sí.

¿Cómo nos ha amado? *¡Déjeme contar las formas en las que lo ha hecho!* El Padre nos amó lo suficiente para enviar a Su único Hijo para morir en nuestro lugar. El Hijo nos amó lo suficiente para venir. Entonces nos amó demasiado como para no dejarnos sin consuelo, así que nos dejó Su Espíritu para asegurarse de que Él estuviera todavía presente en nosotros. Y ahora *Yeshúa* nos ama diariamente al interceder por nosotros a la diestra del Padre.

¡No hay nada mayor en este mundo que el amor de Dios!

Este amor es lo que el alma anhela. Fuimos creados para ser partícipes del amor de Dios. Nuestras almas encuentran su plenitud en el Amado (Jesús) y su alimento en Su Palabra.

La Biblia es la carta de amor de Dios al alma de usted. Considérela así, y permita a su alma respirar un pedacito del cielo. El alma, *nephesh*, que es amada grandemente debería amar grandemente.

Pero sí usted no ama al Señor grandemente, pero le gustaría hacerlo, siga el consejo de una niñita que descubrió un secreto sagrado. Ella se repetía a sí misma una y otra vez: "*Yeshúa* (Jesús) me ama. Fue a través de Él que las flores, las aves y todo lo bello fue creado. Vivió una vida de sufrimiento y murió en la cruz con gran dolor, por mí. Él me ofrece perdón por todos mis pecados y una vida llena de gozo. Él en verdad me ama" (del libro *From the Lips of Children* de Richard Wurmbrand).

Antes de que se dé cuenta, sin esforzarse, usted también le amará a Él.

Día 27

*Porque la vida de la carne en la sangre está, y yo os la he dado
para hacer expiación sobre el altar por vuestras almas;
y la misma sangre hará expiación de la persona.*

Levítico 17:11

Los principios de Dios son inmutables. Siempre ha sido la manera de Dios el traer liberación y libertad a través de la sangre. El Éxodo de Egipto es un buen ejemplo de esto. Se les instruyó a los israelitas que aplicaran la sangre de un cordero inocente, por fe, para que el ángel de la muerte pasara de largo. Cuando los judíos tuvieron un tabernáculo, el sumo sacerdote traía sangre al lugar santísimo para hacer expiación por los pecados del pueblo. Siempre sangre. Hoy en Jerusalén incluso han reproducido el recipiente de plata que se utilizaba para que cayera la sangre de los sacrificios como preparación para la construcción del tercer templo.

¿Qué hay acerca de la sangre de *Mesías*? *Yeshúa*, nuestra *Pésaj*, y el Cordero del que habla el profeta Isaías en el capítulo 53, fue llevado como cordero al matadero, y voluntariamente dio Su vida por cada uno de nosotros. Sus últimas palabras en la cruz: "Consumado es", tienen implicaciones nupciales. La palabra hebrea para novia es *kallah*, y viene de la raíz *kalal* que significa *completar*, *perfeccionar* o *consumar*. Cuando Su sangre fue derramada en la tierra, el último pensamiento de *Yeshúa* fue acerca de ti –y de mí– el gozo que había sido puesto delante de Él, la razón por la que Él soportó el dolor y menospreció el oprobio: ¡Su Novia! ¡Qué amor!

Me gusta pensar en la sangre no sólo como en el precio pagado por mi redención, sino como las *arras nupciales* de mí *novedad* en *Yeshúa*, mi estado como una *virgen pura* en Él, de la que habla el apóstol Pablo en 2 Corintios 11:2. En la época de

Yeshúa, las novias judías a menudo guardaban las sábanas de su noche de bodas, manchadas de sangre, para probar que eran en realidad vírgenes cuando se casaron. De la misma forma, la sangre de *Yeshúa* prueba que *nosotros* somos vírgenes. ¡Verdaderamente Su sangre es preciosa!

En los primeros años de caminar con *Yeshúa*, pasé muchas horas delante de Él, siempre con papel y pluma en mano. Esperaba que me hablara, y normalmente lo hacía. El Señor parecía disfrutar mi manera de ser como de una niña, y me hablaba en formas muy concretas. El 18 de septiembre de 1976 me dictó la siguiente nota. Le pido a Él que toque el corazón de usted hoy.

> No temas porque estoy contigo. Lo que he puesto en tu corazón yo lo he puesto allí. Haces mal en siquiera preguntarte lo que la gente o el mundo pudiera pensar, hacer o ser. Yo requiero obediencia total de ti. Mi amor por ti no conoce límites. Tú has aceptado a mi Hijo, Jesús, y Su sangre es preciosa para ti. Piensa lo preciosa que debe ser para Mí. Conoces el poder en ella, pero todavía no le has visto. Y le verás.

A través de la sangre de nuestro Novio Rey (el Cordero Pascual de Dios), estamos en unidad con Dios. A través de Su sangre nuestra alma es lavada, redimida, santificada y reconciliada con Dios. ¡Dios le ve a *usted* a través de la sangre de Su Hijo! La sangre habla de vida y perdón, misericordia y limpieza. ¡Qué regalo por el cual debemos estar agradecidos!

En la época de Jesús se compraba a las novias. Como la Novia de *Mesías*, también hemos sido comprados por precio (1 P 1:18-19), la preciosa sangre de *Mesías* como de *un Cordero sin mancha y sin contaminación*. Nos amó tanto que estuvo dispuesto a pagar el precio máximo por Su Novia: Su vida. Cuando algo es comprado por un gran precio, significa que ese artículo tiene un gran valor.

¡Usted es de gran valor para Dios y la sangre lo prueba!

Día 28

Dónde apacientas, dónde sesteas al mediodía.

Cantares 1:7

La sulamita le está preguntando a su Amado algo. *¿Dónde apacientas, dónde sesteas al mediodía?* Ella se está dirigiendo a Él como un pastor que cuida su rebaño.

¿Dios quiere contestar nuestras preguntas? Sí, ¡así es! "Porque todo aquel que pide, recibe; y el que busca, halla; y al que llama, se le abrirá" (Mt 7:8). La pregunta de la doncella ciertamente es la voluntad de Dios. Ella quiere saber dónde puede encontrar reposo y refrigerio. Desea alimento espiritual. La sulamita en este punto, es como muchos nuevos creyentes que todavía simplemente no entienden. Todavía no conocen los caminos de Dios.

Me recuerda a mi hijo Jonathan cuando tenía dos años y medio. Neil rentó un video para él en la tienda de vídeos. Jonathan le preguntó si podía quedarse con la película y Neil le explicó lo que quería decir *rentar*. Al mismo tiempo, Neil también le había comprado una paleta de dulce para que se la comiera después de la cena como un obsequio especial. Jonathan estaba muy preocupado cuando salieron de la tienda de vídeos y le preguntó: "Papi, ¿también rentaste la paleta?".

¡Aprendemos algunas cosas mientras crecemos! El reposo y el refrigerio los encontramos naturalmente cuando seguimos al *Mesías*. Es el deseo del corazón de Dios proveer alimento para Sus hijos, incluso dulces de vez en cuando. ¡Y las paletas de dulce no son rentadas! Cuando Dios nos da algo, es para que nos quedemos con eso. *Yeshúa*, nuestro Pastor, anhela llevarnos junto a dulces aguas de reposo.

Acabo de mirar el reloj. Son las 11:50 a.m., casi es mediodía, y el Señor me acaba de decir: "Donde estés, *Yo estoy"*. Mientras mordisqueo una galleta, el Dios de todo el universo está justo aquí conmigo, porque Su Espíritu mora dentro de mí.

Dios quiere hablarnos al mediodía. Daniel y otros santos del antiguo pacto conocían este secreto. Oraban tres veces al día: en la mañana, a mediodía y al atardecer. El mediodía es el momento más caluroso del día. En mi país es usualmente hora de comer. ¿Por qué no hacer del mediodía un momento para alimentar nuestro espíritu también? Lea una porción del Pan de Vida, tome algunos instantes para estar a solas con Dios y ore. Permita que Dios sea su refugio del intenso calor del sol de mediodía. Donde Él está hay pastos verdes, aguas de reposo, y una mesa preparada, incluso *en la presencia de nuestros angustiadores*.

Observe que el Pastor del que se habla en este versículo *hace* reposar a Su rebaño al mediodía de la misma forma que el Pastor del que se habla en Salmos 23 *hace descansar* a Su rebaño en *lugares de delicados pastos*. (Esto también se repite en Ez 34:14). Los pastores saben lo que es mejor para sus ovejas. Las ovejas necesitan descansar durante la parte más caliente del día. Pero cuando nosotros, el rebaño de Dios, experimentamos el calor más fuerte del mediodía de la aflicción, de un tiempo de ansiedad, tribulación o problemas, lo último que normalmente queremos hacer es reposar. La respuesta natural es buscar una salida frenéticamente. Pero nuestro Pastor dice lo contrario: "¡Estad quietos!".

Pídale al Señor que le ayude a rendirse a Su Espíritu a mediodía y en todo tiempo cuando el calor aumente espiritualmente. Esfuércese por entrar en su reposo. Su Pastor tiene obsequios especiales guardados para usted.

Día 29

Jehová es mi pastor; nada me faltará.

Salmos 23:1

El pastor al que se hizo referencia en el versículo anterior de Cantares 1:7, puede ser visto como el Dios de Israel así como Su *Mesías*. Dios es retratado como Pastor a través de todo el *Tenach*. Posiblemente ningún versículo de la Biblia es tan conocido como el Salmo 23:1. Aquél que nos creó y nos amó es como un pastor a sus ovejas. En el Salmo 80 leemos acerca de Dios como el "Pastor de Israel". En Isaías 40:11, el profeta habla del Dios de Israel con estas palabras hermosas y suaves: "Como pastor apacentará su rebaño; en su brazo llevará los corderos, y en su seno los llevará; pastoreará suavemente a las recién paridas".

Éste es uno de mis versículos favoritos en la Biblia, y uno que reclamé para mí cuando era madre de niños pequeños. También he hablado de él con muchas mujeres embarazadas.

¡Cómo necesitamos un pastor que nos guíe! Mientras que la Biblia llama a Dios, "Pastor de Israel", *Yeshúa* es llamado "El Buen Pastor". Leemos en Marcos 6:34, que cuando vio una gran multitud, *Mesías* fue movido a compasión porque *parecían ovejas sin pastor*. Así que comenzó a enseñarles muchas cosas. La buena enseñanza siempre proviene de un *corazón de pastor* como el de *Yeshúa*.

¿Se dio cuenta que el amado en el Cantar de los Cantares de pronto cambia de ser un rey a ser un pastor? Esto ha causado mucha confusión y controversia a través de los siglos. Tanta, que finalmente se escribió un comentario judío en el que se concluía que hay dos protagonistas masculinos en el Cantar: un rey y un pastor. De acuerdo con esta interpretación, el verdadero amante de la sulamita es el pastor. El rey trata de robar sus afectos, pero ella anhela al pastor, y finalmente se une a él.

Este punto de vista no puede concordar con que el rey y el pastor sean *uno*. Sin embargo, tenemos el ejemplo del rey David quien era al mismo tiempo un pastor y un rey. *Yeshúa*, de la misma forma, es al mismo tiempo el *Buen pastor* que da Su vida por Sus ovejas y el *Rey de los judíos*. Pero en el sentido más amplio, cuando le aplicamos el título de Pastor-Rey a *Yeshúa*, nos referimos a Su primera venida como un Pastor de amor para instaurar Su reino en el corazón, y Su segunda venida como el Rey de reyes y Señor de señores, para establecer el Reino de Dios en la tierra, donde Su posición como Rey será reconocida por todos.

Nuestro Pastor, el Señor *Yeshúa*, es nuestro dueño y esta dedicado a nosotros. Él es un *buen* Pastor. Él es bondadoso, benigno, inteligente, valiente y desinteresado. Nosotros somos más como las ovejas temerosas, necias, incluso tontas, que siguen a la multitud, y sin embargo, nuestro Pastor nos escogió, nos compró, nos llama por nombre y siempre trabaja para nuestro beneficio.

Nuestro ministerio comenzó con un canto: "Love Song to the Messiah" (Canción de amor al *Mesías*) que expresa mis sentimientos al Buen Pastor:

Tú eres mi Pastor, mi dulce guía
Tú eres la Roca en la cual me refugio.
Tú eres mi canción de día
Y mi apacible descanso de noche.
Tú eres mi porción, ¡y mi deleite!

¡Dios quiere ser todo esto y más para usted! Usted es Suyo, Él es bueno y tiene un buen plan para su vida.

Día 30

Pues ¿por qué había de estar yo como errante
junto a los rebaños de tus compañeros?

Cantares 1:7

$\mathcal{E}$sta porción del versículo siete podría también traducirse así: "¿Por qué habría de ser yo como una que se lamenta cubierta con un velo junto a los rebaños de tus compañeros?", o "¿Por qué habría de tropezar por allí en una constante búsqueda, espantada?".

Yo puedo escuchar a *Mesías* respondiendo: "No deberías hacerlo. No hay razón para tropezar. ¡Si hubieras estado conmigo toda la mañana sabrías en donde voy a estar a mediodía!". No hay razón para *perderse* en el Señor, porque hemos sido hallados. Debemos asirnos de Él, así como Él nos ha asido, de la mañana a la noche, desde el principio de nuestro caminar con *Yeshúa* hasta que venga a llevarnos a casa. Aprender a descansar en el Señor, depender de Él, más que de nuestras propias habilidades e inteligencia es una lección importante que se debe aprender. Apoyarnos en *Yeshúa* nos mantiene cerca de Él. Algunas veces somos demasiado fuertes, y esto nos estorba para apoyarnos en Él.

Nunca voy a olvidar el tiempo en el que estuve muy enferma en cama por un par de semanas. Estaba extremadamente frustrada porque no podía *hacer* nada. Me estaba quejando con el Señor, diciéndole que estaba muy débil y que se me habían ido todas las fuerzas cuando escuché una voz decir: "¡Qué bueno! Posiblemente ahora comiences a vivir en *Mi* fuerza y no en la tuya!".

En cierto punto debemos morir a nosotros mismos, nuestras fuerzas y nuestras ideas, para que *Yeshúa* pueda vivir a través de nosotros. El apóstol Pablo nos puso el ejemplo cuando dijo: "Porque cuando soy débil, entonces soy fuerte" (2 Co 12:10).

Dios nos da dirección y fuerza para seguir cuando le *reconocemos en todos nuestros caminos*. Cuando yo enseñaba en el preescolar de una escuela privada en Ft. Lauderdale algunos años después de haber conocido a *Mesías*, aprendí otra lección acerca de permanecer cerca y depender de Dios. Se me encargó el área de ciencias naturales en el preescolar y se me dio la tarea de desarrollar el programa académico. Esto era muy emocionante y desafiante para mí. Me encanta desarrollar programas académicos. Disfruto las ciencias naturales, y tenía muchas ideas creativas que había obtenido de mis estudios de maestría en educación primaria. Mientras meditaba en lo fácil que iba a ser este encargo para mí, fui detenida abruptamente por una voz apacible en mi cabeza (¿o fue mi corazón?) que dijo: "¡Piensas que eres muy lista! Tú no sabes nada. ¿Por qué no Me permites darte tus ideas? ¡Entonces verías lo que la creatividad es realmente!".

Parece ser que esto sucedió al mediodía, justo a la mitad del aula, mientras los niños estaban afuera jugando. Desde ese momento en adelante, comencé a depender de Dios para obtener ideas al enseñar. ¡Qué gozo! ¡Qué programas académicos tan emocionantes e increíbles me dio!

Usted va a encontrar a Dios cuando se haga como un niño, confíe en Su Palabra y le crea. Dependa de Su fuerza y no tropezará. ¡Su Pastor quiere hablarle directamente a usted hoy!

Día 31

Si tú no lo sabes, oh hermosa entre las mujeres, ve, sigue las huellas del rebaño, y apacienta tus cabritas junto a las cabañas de los pastores.

Cantares 1:8

*¿S*e había dado cuenta de que aunque es Su canción la sulamita ha sido la única que ha hablado hasta el momento? Es tan parecida a un nuevo creyente. Cuando conocimos a *Mesías* por primera vez, también hablábamos más que lo que escuchábamos.

Ahora, es el turno del Novio de hablar. Se dirige a la sulamita en términos de adoración llamándola: "Hermosa entre las mujeres". Y le da una dirección y una guía específica. Le muestra el camino. ¡Él es el Camino! Proverbios 3:5-6 habla de la dirección de Dios: "Fíate de Jehová de todo tu corazón, y no te apoyes en tu propia prudencia. Reconócelo en todos tus caminos, y él enderezará tus veredas". Estos versículos han sido palabras de vida para mí desde el 25 de julio de 1973 cuando mi madre las escribió en la primera hoja de la Biblia que me dio de regalo de despedida (sin darse cuenta que en ese mismo día oré para recibir a Jesús como mi Salvador personal y Señor).

Si se lo pedimos, *Yeshúa* va a mostrarnos el camino. Nos va a dirigir a otros que sean parte de Su grey y que le conozcan íntimamente para que puedan enseñarnos Sus caminos. El Señor se encuentra en medio de Su pueblo. Tenemos la promesa de la Escritura de que dónde dos o más estén reunidos en Su Nombre, Él estará en medio de ellos (Mt 18:20).

Reunirse con otros creyentes, *sin dejar de congregarse* con aquellos de una misma fe, es importante para todos nosotros, pero particularmente para aquellos que son nuevos en el Señor. Dios ha colocado pastores en Su Cuerpo para alimentar a Sus ovejas (porque le aman). La mayoría de ellos sirven en tabernáculos llamados iglesias o sinagogas mesiánicas. Es Su deseo de que cada uno de los creyentes estén comprometidos en un *tabernáculo* local. Cada uno de nosotros como ovejas no solamente tenemos mucho que aprender, sino que tenemos mucho que dar. Nuestros talentos individuales y dones nos fueron dados para edificación de la grey. Los llaneros solitarios que decidan no someterse a un cuerpo local, o los judíos errantes que vayan de tabernáculo en tabernáculo nunca experimentarán la bendición plena que Dios desea que tengan. Se pierden, ¡y también sus *hijos!*

No existe un *tabernáculo* (iglesia, comunidad, templo) perfecto, pero si existen lugares en los que Dios quiere que cada uno de nosotros sirvamos, aprendamos, crezcamos y adoremos. Si le pedimos que Él nos dirija allí, nos va a mostrar el camino. Cuando encontremos el lugar en el que Dios quiere que estemos, hay un sentimiento especial de paz y bienestar que entra en nuestro espíritu, no porque el pastor sea perfecto, no porque el rebaño esté libre de problemas, sino porque estamos en la perfecta voluntad de Dios.

Ésta ha sido nuestra experiencia desde 1973, primero en una iglesia durante tres años, luego en la sinagoga mesiánica que comenzamos en Ft. Lauderdale, Florida. Fuimos alimentados hasta rebozar espiritualmente durante tres años, comprendimos que era el tiempo de alimentar a otros. Pocos creyentes en los Estados Unidos están mal alimentados o desnutridos. Dios nos ha dado a todos abundante alimento espiritual. ¡Es tiempo de que la mayoría de nosotros comencemos a alimentar a otros!

¿Usted se ha unido a un rebaño local? ¿Están sus dones y talentos siendo usados para edificar el Reino de Dios? Éste no es tiempo de vagar sin rumbo. Dios quiere *establecerle* y *usarle* mientras aún es de día. "¡Reconócelo en todos tus caminos, y él enderezará tus veredas!"

Día 32

A yegua de los carros de Faraón te he comparado, amiga mía.

Cantares 1:9

*E*sta mañana cepillé un caballo (algo extraño para mí) en el granero Kauffman en Bird-in-Hand, Pennsylvania. Alrededor del granero hay hermosas tierras de cultivo de los *Amish*. Periódicamente, descienden por el camino caballos uncidos a carruajes que delinean siluetas que contrastan con los exuberantes campos de maíz.

El caballo es una de las criaturas más hermosas que Dios creó. Cuando nuestro Novio Celestial nos compara con un caballo, nos está haciendo un gran cumplido.

La Biblia nos dice que Salomón tenía cuarenta mil caballos en sus caballerizas para sus carros (1 R 4:26). Se dice que obtuvo estos caballos en Egipto y fue el primero en introducir el carro y el caballo como parte regular del ejército israelí.

¿Cómo eran los caballos de Salomón? Descubrí una respuesta parcial a esta pregunta en un artículo que apareció en el *Jewish Journal* (un diario judío) titulado "The Solomon Project: New Israeli Breed of Horses" (Proyecto Salomón: una nueva raza israelí de caballos). En 1984, los criadores israelíes de caballos comenzaron un nuevo programa para recrear el linaje bíblico de los caballos establecido por el rey Salomón. (Muchos eruditos piensan que el caballo árabe moderno es descendiente de este linaje.)

Las características que han sido seleccionadas para un caballo israelí ejemplar son similares a las que Salomón valoraba:

> Caballos robustos con resistencia superior,
> Briosos, pero que respondan bien a la disciplina,
> Cómodos, igualmente en el lienzo de exhibición

Como en los abruptos senderos del desierto del
Neguev
(Una combinación de elegancia de raza y rudeza
del desierto).

El esfuerzo para criar una raza fina de caballo árabe-israelí
tomará unos veinte años. Un caballo del linaje distinguido del
rey Salomón podría estar valorado en más de un millón de
dólares.

¿Cómo nos ajustamos a las descripciones de los caballos de
Salomón? ¿Somos robustos, con resistencia superior? ¿O nos
desmayamos con el primer viento de adversidad? ¿Manifestamos
el fruto de la perseverancia en nuestra vida? ¿Somos fuertes en el
Señor y en el poder de Su fuerza? ¿O somos espiritualmente frágiles y enfermizos?

¿Qué hay acerca del espíritu? ¿Somos creyentes *sazonados
con sal*, que dejamos nuestra luz brillar, caminando en el
Espíritu Santo, listos a tiempo y fuera de tiempo para compartir la Palabra de Dios con otros? ¿Qué hay acerca de la
disciplina? ¿Qué tan veloces somos para responder a los susu-
rros del Espíritu Santo?:

—Dales dinero.
—No digas eso.
—Vete por otro camino.
—No es el tiempo adecuado.
—Llámalos ahora.

¿Qué hay acerca de la lengua? ¿Hemos progresado en responder a la disciplina del Señor, mientras nos enseña cuando
hablar y cuando no, qué decir y qué no decir?

Mi oración es que ahora que tengo más de veinte años en
Yeshúa, comience a aprender algunas de esas lecciones. Es
difícil imaginarse que valemos más que un millón de dólares,
pero ¡ciertamente somos valiosos para nuestro Dios!

Los creyentes necesitamos ser tan flexibles y tener facilidad
de adaptarnos como los caballos de Salomón, confiando en
Dios en toda situación, sabiendo quienes somos en Él, estando
satisfechos con poco o con mucho.

Una compañía de carros tirados por yeguas es algo especialmente cercano al corazón de Dios. Esto podría ser un símbolo de lo que me gusta llamar una *compañía nupcial*, un grupo de creyentes unidos en perfecta unidad con la misma meta, el mismo amor, la misma visión. Si uno de los caballos de Salomón era hermoso, ¡imagine a todo un grupo de ellos corriendo juntos!

Esta es una ilustración de la Novia de *Mesías*, conformada por judíos, no judíos y creyentes de todas las denominaciones que responden al llamado de: "Amiga mía...".

Dios quiere que usted sea parte de esa compañía.

Día 33

Hermosas son tus mejillas entre los pendientes,
tu cuello entre los collares.

Cantares 1:10

as novias orientales de los tiempos bíblicos (y las novias judías yemenitas de hoy) usaban collares de joyas que les colgaban sobre las mejillas en capas. La novia, adornada de esta manera era considerada hermosa. Algunas de las joyas de la novia las recibía como regalos durante el tiempo de su desposorio, ya que esta era la costumbre en tiempos antiguos (vea Is 61:10). ¿Recuerda a Rebeca, la novia de Isaac? En su desposorio le fueron dadas: "Alhajas de plata y alhajas de oro" (Gn 24:53).

La nación de Israel también recibió joyas nupciales cuando el Dios de Abraham, Isaac y Jacob la compró para Sí y la tomó de la mano y la sacó de Egipto. Leemos lo siguiente en Éxodo 12:35 al respecto de ese tiempo en la historia de Israel: "E hicieron los hijos de Israel conforme al mandamiento de Moisés, pidiendo de los egipcios alhajas de plata, y de oro, y vestidos".

Las joyas y las novias van juntas. Hoy, un diamante se da a menudo como prenda de amor y compromiso. (Los diamantes son el producto de exportación número uno en Israel). Mi esposo nunca tuvo que comprarme un diamante, porque mi madre le ofreció uno que mi abuela recibió en su compromiso.

Muchas de otras joyas de la familia que yo poseía me fueron robadas en 1975. Estaba joven en el Señor y todavía muy apegada a "las cosas", especialmente cosas antiguas. Mi familia data desde la época del Mayflower, y muchas antigüedades y joyería se pasaban de generación en generación. Tenía mis *joyas* en una caja en mi alcoba. Una noche tuve un sueño en el que *Mesías Yeshúa* regresaba. Él me llamaba y yo decía: "Espérame un momento. Tengo que regresar por mis joyas". *Yeshúa* me contestaba: "No las vas a necesitar allá".

Casi un mes más tarde, mientras estábamos fuera ministrando al pueblo judío, nuestra casa en la ciudad fue robada. Ya lo adivinó. ¡Se llevaron casi toda mi joyería antigua! Aprendí mi primera lección sobre la idolatría y le pedí a Dios que me perdonara y que me liberara de un espíritu de materialismo y atadura a las cosas de este mundo.

El Señor comenzó a enseñarme acerca de las joyas verdaderas. Descubrí que la Torah (el Pentateuco o los cinco libros de Moisés) se considera una joya multifacética. Comencé a ver que las joyas más valiosas son las que se encuentran en la Palabra de Dios, las enseñanzas de las Sagradas Escrituras, tanto el Antiguo como el Nuevo. Estas joyas deben adornar a la Novia de *Mesías*.

Las joyas en las Escrituras del Nuevo Pacto también abarcan los dones y el fruto del Espíritu Santo. La Novia de *Mesías* debe ser adornada de amor, gozo, paz, paciencia, benignidad, bondad, fe, mansedumbre y dominio propio, y operar en los dones que *Yeshúa* le dio cuando subió a estar con Su Padre (Ef 4:8).

Un aspecto más de las *joyas*, que sólo se revela cuando examinamos la palabra hebrea para *joyas* que se usa en este versículo, *kley*, la cual proviene de la misma raíz que *novia*, también es que significa *armas*, *armadura*, o *vasos*. Es la palabra utilizada para describir los utensilios para los propósitos santos en el tabernáculo en el desierto, *Kley HaKodesh* o artículos santos.

Todo esto pinta una imagen un poco distinta de la Novia. Ahora la vemos como una Novia guerrera, adornada con sus armas de guerra, la Palabra y el Espíritu, con su yelmo de salvación firmemente en su lugar, hermosa a los ojos del Capitán de su salvación. Ella es un vaso escogido, santo, valiente, arrojado y hermoso.

El Señor tiene más joyas escondidas para usted. *¡Buscad y hallaréis!* Adore a Aquel que es *más precioso que diamantes:* *¡Yeshúa HaMashiach!*

Día 34

Zarcillos de oro te haremos, tachonados de plata.

Cantares 1:11

*E*l Rey es el que le da a la sulamita las joyas. Son un regalo de Él. En el versículo 11, Él habla de sí mismo en plural, posiblemente refiriéndose a Sí mismo y sus colaboradores. Algunas veces el *nosotros* encontrado en el *Tenach* se considera como *la majestad plural*. Esta es a menudo una manera de no enfrentar las numerosas veces que se menciona la naturaleza trina de Dios en las Escrituras del Antiguo Pacto. Una de esas ocasiones: "Hagamos al hombre a nuestra imagen, conforme a nuestra semejanza" (Gn 1:26), hizo una impresión muy profunda en mi esposo judío y eventualmente lo llevó a concluir que *Yeshúa* era el que había sido prometido a Su pueblo.

Padre, Hijo y Espíritu Santo, todos están involucrados en la preparación de la Novia. La naturaleza divina del Padre (representada por oro), la redención (representada por la plata), y los dones del Espíritu Santo (representado por la palabra *joyas*, vea el v. 10), son todas las características de un solo Dios manifestadas en tres personas. A través de la redención, somos hechos participantes de la naturaleza divina del Padre. El *Ruach Ha Kodesh* es aquel que nos conduce, guía y enseña acerca de nuestro Novio Rey. Él ayuda a adornarnos con joyas celestiales.

Yeshúa va a volver por una Novia hermosa. Si nos dejaran a nuestro arbitrio, fracasaríamos miserablemente para convertirnos en lo que Él quiere que seamos. La reina Ester nos ha provisto un modelo. Cuando fue su turno para presentarse delante del rey, no pidió nada, sino lo que Hegai, el eunuco del rey, que custodiaba a la mujeres, le aconsejó: "Cuando le llegó a Ester, hija de Abihail tío de Mardoqueo, quien la había tomado por hija, el tiempo de venir al rey, ninguna cosa procuró sino lo que dijo Hegai eunuco del rey, guarda de las mujeres; y ganaba Ester el favor de todos los que la veían" (Est 2:15).

Hegai es un tipo del Espíritu Santo. Ser sensible a este Ayudador que Dios nos ha dado, nos va a llevar paso a paso en un programa espiritual de belleza, diseñado especialmente para cada uno de nosotros como individuos. ¡Confíe en Su dirección! Ríndase a Su Espíritu. Permita que el clamor de su corazón sea el del salmista, que dijo: "Sea la luz de Jehová nuestro Dios sobre nosotros" (Sal 90:17).

No *nuestra* luz, sino la *Suya*. Eso es lo que cuenta en esta vida y en la siguiente. Nuestro estándar de vida debe ser tan diferente del mundo como lo son el día y la noche. El mundo mira lo de afuera (la belleza externa). Dios ve el corazón (la belleza interna). La belleza del mundo es natural. La belleza de Dios es espiritual. La belleza del mundo se desvanece con la edad. La belleza de Dios incrementa con la edad. En 1 Pedro 3 leemos acerca del estándar de belleza de Dios para las mujeres: "Vuestro atavío no sea el externo de peinados ostentosos, de adornos de oro o de vestidos lujosos, sino el interno, el del corazón, en el incorruptible ornato de un espíritu afable y apacible, que es de grande estima delante de Dios" (v. 3 y 4).

¿Cómo nos adornamos con las joyas del Señor?

¿Cómo es que la belleza de *Mesías* se muestra en nosotros? Al acercarnos más cerca de la fuente de belleza, *Yeshúa* mismo. No hay sustituto para pasar tiempo a solas con Él. La comunión resulta en cercanía y confianza. La humildad, rendirse, obedecer y seguir el amor, son todas partes del proceso de ser conformados a Su imagen.

No se desanime. ¡Dios ya ve Su belleza en usted! Aférrese de Él. ¡Su Espíritu hará la obra!

Día 35

Mientras el rey estaba en su reclinatorio...

Cantares 1:12

*I*magínese a nuestro Novio Rey *Yeshúa:* Él no está lejos en guerra, luchando en el campo de batalla. No tiene prisa de ir a ningún lado. No está preocupado, ansioso o temeroso. Él está relajado y en control. Está sentado a la mesa en Su reclinatorio.

Este versículo es tan rico que necesitamos dos días para meditar en Él. En esta primera mitad del versículo 12, hay tres palabras clave: *rey, estaba* y *reclinatorio. Yeshúa* explicó el tipo de Rey que Él es sobre su reclinatorio antes de Su muerte. Fue justo antes de la fiesta de *Pésaj.* La cena había terminado. Nuestro Rey se levantó de su reclinatorio, puso a un lado Su ropa, tomó una toalla, se ciñó y lavó los pies de Sus discípulos. Más tarde, se volvió a sentar y les explicó que Su Reino sería un Reino de siervos y de amantes. Como Rey, Él había puesto el ejemplo. En el reino de *Yeshúa,* sus seguidores deben lavarse los pies los unos a los otros.

En esto momento *Yeshúa* está sentado a la diestra de *HaGvurah, el Poder,* o sea, Dios (vea Lc 22:69). También leemos acerca de la alta posición de *Yeshúa* en Hebreos 10:11-13: "Y ciertamente todo sacerdote está día tras día ministrando y ofreciendo muchas veces los mismos sacrificios, que nunca pueden quitar los pecados; pero Cristo [Mesías], habiendo ofrecido una vez para siempre un solo sacrificio por los pecados, se ha sentado a la diestra de Dios, de ahí en adelante esperando hasta que sus enemigos sean puestos por estrado de sus pies".

La obra de *Yeshúa* ha sido consumada. La obra de redención fue terminada en el madero del sacrificio. Nuestro perdón fue comprado, nuestra sanidad fue provista, nuestra deuda de pecado fue pagada en su totalidad. *Yeshúa* murió, se levantó, ascendió al cielo y se sentó.

¿Dónde está sentado *Yeshúa*? A mí me gusta llamar Su reclinatorio, *el reclinatorio del Rey*. Considere por un momento la mesa del rey Salomón: "Y la provisión de Salomón para cada día era de treinta coros de flor de harina, sesenta coros de harina, diez bueyes gordos, veinte bueyes de pasto y cien ovejas; sin los ciervos, gacelas, corzos y aves gordas" (1 R 4:22-23). ¡La mesa de *Yeshúa* es mucho mayor que lo que la mesa de Salomón fue jamás! Tiene la provisión para cada necesidad que podamos tener. La mesa de nuestro Rey reboza de provisiones espirituales suntuosas.

La Novia de *Yeshúa* tiene acceso ilimitado a Su mesa. Ha sido preparada para nosotros, incluso: "En presencia de mis angustiadores" (Sal 23:5). En la mesa de *Mesías*, encontramos alimento para el alma, paz que sobrepasa todo entendimiento, todo tipo de fruta espiritual exuberante, agua viva, fuerza para el día, sabiduría, poder y entendimiento. Hay provisión para la necesidad que usted tenga. Y hay una comunión preciosa con Aquel que dijo: "He aquí, yo estoy a la puerta y llamo; si alguno oye mi voz y abre la puerta, entraré a él, y cenaré con él, y él conmigo" (Ap 3:20).

Esta es la mesa del Rey. Se convierte en algo especialmente real para nosotros cuando celebramos el *Séder* del Señor (conocida también como la Cena del Señor o Comunión). Es aquí donde al participar del pan y del vino que simbolizan la sangre y el cuerpo de *Mesías*, podemos más fácilmente apropiarnos de todo lo que *Yeshúa* anhela darnos: reconciliación, perdón, sanidad, Su amor, Su paz, Su poder para amar, ¡y mucho más!

¡Gracias a Dios por la mesa del Rey! *Yeshúa* nos invita a venir y cenar con Él. Siéntese. Él está sentado. Relájese. Ponga todas sus preocupaciones y afanes a un lado por el momento, acalle su alma y permita que el Rey le bendiga en Su mesa.

Día 36

Mi nardo dio su olor.

¿Qué es lo que hace la Novia cuando está en la mesa del Rey? Primero, recibe; después, da. ¿Qué le podríamos dar a un Rey que lo tiene todo? Nuestro amor, nuestra vida, nuestro mismo ser. Pero antes de que podamos amar a Dios debemos llegar a darnos cuenta de que Él nos ama. Las Escrituras lo dicen muy claramente: "Nosotros le amamos a él, porque él nos amó primero" (1 Jn 4:19). Una revelación profunda del amor de Dios por usted va a provocar que lo siguiente comience a brotar en su alma: gozo, acción de gracias, asombro y maravilla, y un deseo de ser recíproco con ese amor. Entre más le sea perdonado a usted por *Yeshúa*, más le va a amar. La sulamita está maravillada de que un Rey tan grande pudiera amarla. También nosotros deberíamos estar sorprendidos, pero no tan asombrados que nos alejemos de Aquel que, conociendo todas nuestras faltas, ¡es quien más nos ama!

Al darme cuenta de las profundidades del amor de Jesús por mí (lo llamé Jesús en 1976), le escribí una canción que lleva como título: "O How I Love the Way You Love Me" (Oh, cómo amo la manera en qué me amas). Las palabras del coro van como siguen:

> *Oh, cómo amo la manera en que me amas.*
> *Oh, cómo amo la manera en que me cuidas.*
> *Oh, cómo amo la manera en la que vienes a mí cada día.*
> *¡Oh, cómo amo la manera en la que amas!*

Estaba a la mesa del Rey cuando escribí esa canción. Sucedió que también estaba sentada al piano. Estaba a solas con Dios. Nadie más estaba en la casa. Había estado quieta delante de Él, meditando en Su Palabra, pensando acerca de Su amor por mí, dándome cuenta que no lo merecía. Comencé a identificarme con cada María en la Biblia en esa etapa de mi vida y me deleitaba sentándome a los pies del Señor escuchando Sus palabras. Quería hacer lo que María la hermana de Lázaro hizo mientras el Rey estaba en Su reclinatorio. Leemos en Juan 12:3 que ella tomó una libra de perfume de nardo puro (una planta aromática utilizada como perfume) de mucho precio y ungió los pies de *Yeshúa*, y enjugaba Sus pies con su cabello. La casa fue llena del olor del perfume. Mi manera de expresar amor fue escribir una canción a mi Rey.

El acto de amor de María ciertamente fue más elaborado que el mío. Una libra de perfume de nardo costaba trescientos denarios, casi un año de salario. Este acto de amor sacrificial de parte de María provocó un gran enojo de parte de Judas Iscariote (vea Jn 12:4-6). El amor nupcial muchas veces va a inflamar al espíritu de Judas. Si usted ama a Jesús exuberantemente, usted probablemente sea criticado. ¡Siga amando de todas maneras! Póstrese delante de su Rey, permita que la actitud de su corazón sea de humilde adoración. Esté dispuesto a quebrar el frasco de alabastro que contiene el precioso perfume como lo hizo María, según está registrado en Marcos 14:3. Esta María quebró el frasco y derramó el costoso perfume sobre la cabeza de Mesías.

El frasco de alabastro de nuestra vida personal debe ser quebrado antes de que pueda salir una fragancia dulce. Debemos llegar al lugar en el que veamos nuestra insignificancia e indignidad. Debemos llegar a darnos cuenta que sin Él no somos nada. Pero que con Él, ¡somos una nueva creación especial! ¡Esta es la gracia de Dios!

Oremos juntos hoy:

¡Oh, Dios! Derrama Tu gracia sobre mí para que pueda rendir mi vida completamente a Ti. Quiero decirle "no" al orgullo, a la autocompasión, a la arrogancia, al egoísmo y a todo otro mal que evite que te adore con humildad y amor.

En el nombre de Yeshúa,

Amén.

Día 37

Mi amado es para mí un manojito de mirra...

Cantares 1:13

La mirra es una resina grasa que mana naturalmente de los tallos de la *commiphora*, un arbusto espinoso, o árbol, que no crecía en la tierra de Israel en tiempos bíblicos. Por lo tanto, la mirra se importaba de India, Arabia o África, lo cual la hacía muy costosa y preciosa.

Amarga de sabor, pero muy fragante, la mirra se utilizaba en medicina y era un ingrediente importante de los ungüentos santos y los cosméticos. La mirra se vende como una especia en el medio oriente hoy en día, y todavía se utiliza allá como medicina.

En tiempos bíblicos, la mirra era una sustancia muy valiosa y deseada. Hay varias alusiones a esta a través de las Sagradas Escrituras. Sólo en el Cantar de los Cantares, la mirra se menciona en siete versículos. En las Escrituras del Nuevo Pacto, la mirra tiene relación tanto con el nacimiento como con la muerte de *Mesías*.

Incluso antes de que naciera, la mirra estaba enlazada proféticamente con *Yeshúa*. El salmista lo expresó así en el Salmo 45, una canción nupcial mesiánica: "Mirra, áloe y casia exhalan todos tus vestidos" (Sal 45:8). En su nacimiento, los magos le llevaron al niño Jesús mirra, así como oro e incienso (Mt 2:11). En su muerte, Nicodemo trajo una mezcla de mirra y áloes a la tumba de *Yeshúa* (Jn 19:39). En la vida, así como en la muerte, los vestidos de *Yeshúa* exhalaban mirra.

¿Cuál es el significado espiritual de la mirra? Durante la época del templo, el pueblo hebreo en Israel utilizaba la mirra como un analgésico común. Como tal, es un símbolo del ministerio de sanidad de *Yeshúa*. Nuestro bien amado *Yeshúa*, el Mesías, sana cuerpos, espíritus heridos y corazones que-brantados. *Él* es un manojo de mirra para cada miembro de Su Novia.

Uno de los pasajes más precisos en la Biblia para mí es Marcos 15:22, 23 y 25: "Y le llevaron a un lugar llamado Gólgota, que traducido es: Lugar de la Calavera. Y le dieron a beber vino mezclado con mirra; mas él no lo tomó (...) Era la hora tercera cuando le crucificaron".

A *Yeshúa* le ofrecieron mirra justo antes de crucificarlo para ayudarlo a aminorar el dolor, pero Él lo rechazó. El amor lo rechazó. Él escogió llevar *todo* el dolor por nosotros. Él tomó *todos* nuestros pecados sobre *Sí*. Como el profeta Isaías lo dice tan hermosamente en Isaías 53:5: "Mas él herido fue por nues-tras rebeliones, molido por nuestros pecados; el castigo de nuestra paz fue sobre él, y por su llaga fuimos nosotros curados".

En un maravilloso pequeño libro, *Jesus Bore Our Sorrows (Jesús llevó nuestros dolores)* por David Alsobrook, el autor resume lo que *Yeshúa* hizo por nosotros: "Rechazó la mirra natural en Su vida para que usted pueda participar de mirra espiritual".

¿Y el manojito? Era costumbre juntar los tallos de la planta y atarlos en un manojito. La pulpa natural manaba y podía ser utilizado como perfume. Piense en cada uno de esos tallos como un aspecto del ministerio de sanidad de *Yeshúa*. Él es el sanador de las desilusiones, relaciones rotas, luto, rechazo, abuso, así como sanador del cáncer, depresión, estrés y toda forma de dolor y aflicción.

Nuestro bien amado es un Salvador Sanador. *Por el gozo puesto delante de Él*, tomó la amargura sobre Sí. Ninguna amar-gura debe ser hallada en Su Novia. Debemos abrazar la mirra y apropiarnos de Su dulzura y Su fragancia. Sea refrescado, consolado, aliviado y sanado en el nombre de *Yeshúa* hoy. *¡Por Su llaga fuimos nosotros curados!*

Día 38

Que reposa entre mis pechos.

Cantares 1:13

*L*a *noche* en Cantar de los Cantares simboliza *separación, prueba, juicio o dolor.* La noche es un tiempo difícil para muchas personas hoy en día; es un tiempo solitario, un tiempo lleno de temor. Cuando nuestro hijo Jesse tenía cinco años de edad, comenzó a experimentar miedo en la noche. Acostarse no era ningún problema, pero dormirse sí. A Jesse no le gustaba estar solo. Estaba seguro de que había *fantasmas* debajo de la cama. La oscuridad lo aterrorizaba. Insistía en tener dos lámparas encendidas. Cuando le dijimos que *Yeshúa* estaba en la cama con él, protestó diciendo: "Puede ser que Él esté aquí, ¡pero no tiene piel!". La oración, la guerra espiritual y algunos discos de música para dar alivio espiritual ayudaron bastante. Jesse fue consolado por el Espíritu Santo de Dios mientras la Luz del Mundo echaba fuera las tinieblas.

¿Está el Mesías con nosotros en los momentos oscuros de nuestra vida? Sí. Posiblemente esté más cerca que en ningún otro momento. *Toda* la noche, Él está cerca de nuestro corazón. Él sabe que le necesitamos. Incluso cuando no estamos conscientes, Él sigue cerca de nosotros, porque Él ha dicho: "No te desampararé, ni te dejaré" (He 13:5). Posiblemente no sintamos Su piel, pero *Yeshúa* puede hacerse muy real a nosotros a través del *Ruach Ha Kodesh.*

Las fuentes judías nos dicen que en la antigüedad, las mujeres llevaban un frasco de perfume *(klee shel bosem)* colgando del cuello. Colgaba un poco más abajo del pecho. Es posible que se utilizara mirra en ese frasco incluso en la noche.

Yeshúa se manifestó durante la noche a la vida de una amiga nuestra, la esposa de un rabino mesiánico, quien experimentó una prueba física por la que muchos pasan hoy en día, el cáncer. De un dolor inexplicable en su hombro a un diagnóstico equivocado de sarcoma a un diagnóstico final de plasma citoma (cáncer en la médula), Angela se asió de Dios (en realidad, Dios sostuvo a Angela). Ella sentía que había algo más que aprender de lo que estaba sucediendo en su cuerpo. Una mañana a las 5:00 a.m., se levantó y le preguntó al Señor lo que Él quería que ella hiciera. Angela no comprendía por qué estaba sucediendo todo eso, pero sabía que Dios estaba con ella. El Señor le dio un plan de batalla en las primeras horas de la mañana. Le dijo que no había victoria sin la batalla. El campo de batalla era su cuerpo. La oración iba a ser el arma de mayor importancia. ¡La batalla era del Señor!

Angela entendió que el Señor le decía que su carne se iba a debilitar, pero que ella se mantuviera firme, fuera diligente y perseverara. Otras instrucciones incluían no rendirse a un espíritu de temor, someterse a Dios y a sus médicos, tomar responsabilidad por su propia salud, meditar en la Palabra de Dios y entregarle todo a *Yeshúa*.

Angela me relató como la presencia del Señor la abrumaba en la mesa de operaciones cuando le realizaron la autopsia del hombro. Estaba envuelta en paz total y confianza mientras la operación llegaba a su fin. Angela decidió alabar al Señor sin importar lo que estaba sucediendo en su cuerpo. Ella decidió: "¡Estoy sana si lo puedo alabar!".

Dos meses después, el plasmacitoma ya no era un problema. Angela había sido radiada sin efectos secundarios. Su comentario final acerca del Señor durante esta experiencia nocturna fue: "¡Dios es tan real!"

Sí, Él lo es.

P.D. La batalla de Angela no ha terminado, pero *Yeshúa* está más cerca que nunca. Cuando la oscuridad amenaza, Su luz brilla con mayor intensidad.

Día 39

Racimo de flores de alheña en las viñas de
En-gadi es para mí mi amado.

Cantares 1:14

Así como *Yeshúa* es mirra en la noche, es agua viva en el desierto. En-gadi es un magnífico oasis en medio del desierto de Judea. La primera vez que vi En-gadi, quedé impactada. Habíamos estado viajando en el autobús por lo menos una media hora a través de tierras yermas, arenosas, rocosas y montañosas. El calor era intenso, ¡más caliente que el sur de Florida! No estaba preparada para ver por la ventana del autobús un jardín exuberante justo delante de nosotros con kilómetros y kilómetros de palmeras datileras, naranjos, toronjas y otros árboles frutales. Estábamos en la costa del Mar Muerto. ¿Cómo podía haber tanta vida aquí? ¿No llama la Biblia a En-gadi un *desierto* (1 S 24:1)? (Me di cuenta que *desierto* en este caso en realidad significaba *lejos de los mayores centros de población de Israel.*) En-gadi es más parecido a un huerto que a un desierto.

La *alheña* crecía en abundancia en En-gadi y daba una fragancia fuerte y dulce. De acuerdo con los rabinos, *flores de alheña* se refiere alegóricamente a la expiación y el perdón, ya que la palabra *alheña* en hebreo significa *precio de rescate.* Viene de la raíz *kaphar*, que significa *cubrir*. En un contexto mesiánico, las flores de alheña se pueden referir a *Yeshúa*, el precio de nuestro rescate.

Yeshúa es nuestra expiación. A través de Él estamos en acuerdo con Dios. *Yeshúa* también es agua viva en medio del desierto espiritual. Las magníficas cascadas de En-gadi nos recuerdan esa Agua Viva y la promesa dada a nosotros por nuestro Mesías en Juan 7:37-38: "En el último y gran día de la fiesta, Jesús [Yeshúa] se puso en pie y alzó la voz, diciendo: Si alguno tiene sed, venga a mí y beba. El que cree en mí, como dice la Escritura, de su interior correrán ríos de agua viva".

El racimo de flores de alheña, todo lo que está incluido en la expiación, es la voluntad de Dios para cada uno de nosotros hoy. Perdón de pecados, paz con Dios, seguridad de vida eterna, ser lleno del *Ruach Ha Kodesh* de Dios, adopción en la familia de Dios, acceso a Dios las veinticuatro horas del día, preciosas promesas de la palabra de Dios, vida abundante aquí en la tierra, la sanidad del cuerpo, alma y espíritu están incluidos en este *ramo de expiación*.

Dios no es un Dios avaro. Él es el dador de *toda buena dádiva y de todo don perfecto*. Él es un dador generoso. ¿Por qué no intenta algo divertido y simple hoy? Dése una ducha. Que el agua sean las cascadas de En-gadi y los dones de Dios incluidos en la expiación de *Yeshúa*. Alabe a Dios por Su deseo de derramar Su bien sobre usted. Alabe al Señor por la expiación y por todo lo que significa en su vida. Alabe al Señor por el lavamiento en agua a través de Su Palabra (Ef 5:26). Alabe al Señor por lavarlo de toda iniquidad por medio de la sangre de *Yeshúa*. Alabe al Señor por *Yeshúa*, nuestra expiación; Aquel que pagó el precio de su salvación.

Permita que el amor por *Yeshúa* penetre su ser. Dése cuenta de lo precioso que es Él. Confiese que sólo Él puede satisfacer. Siga teniendo hambre y sed de justicia. Usted será saciado. ¡Dios ha prometido derramar agua sobre el sediento!

Día 40

He aquí que tú eres hermosa,
amiga mía;
he aquí eres bella.

Cantares 1:15

*M*esías ahora expresa Su amor por Su Novia. Ella ha alabado a su Amado, y ahora Él la alaba a ella. Él la llama *amiga mía*, *rayati* en hebreo, y repite dos veces que ella es *hermosa*. La palabra hebrea para *hermosa* que se utiliza en este versículo es *yapha* (se pronuncia 'yafá'), una raíz que significa *ser brillante o hermosa*. Dios ciertamente entiende a las mujeres. Él las creó. Él sabe que la mujer necesita escuchar que es hermosa en los ojos de quien la ama. Cuando enseñamos en seminarios de matrimonios, Neil y yo solemos mencionar que los hombres son excitados o estimulados por lo que ven, y las mujeres por lo que escuchan. Decimos la historia de la mujer que le dice a su marido: "Amor, ¿me amas?". Y él responde: "Por supuesto que te amo. ¡Te lo dije hace veinte años cuando me casé contigo!". Eso no es suficiente para la mayoría de las mujeres. ¡Ellas quieren más *palabras*!

Yeshúa es generoso con Sus palabras. Le dice a la Novia que es hermosa, no una vez, sino dos veces. Las interpretaciones rabínicas han aplicado esta declaración de belleza a la relación de amor de Dios con Israel. Un comentarista dice que la repetición de la frase *eres hermosa* se refiere al pasado y al presente. Israel se volvió hermoso cuando recibió la Torah en el monte Sinaí, y todavía es hermoso hoy en día.

En un sentido mesiánico, podríamos decir que cada uno de nosotros, como creyentes, nos hicimos hermosos cuando recibimos a *Mesías* como nuestro Mesías. Y a los ojos de Dios ¡todavía somos hermosos!

Es difícil imaginar que la misma palabra para *hermosa* utilizada para describir a *Mesías* en el Salmo 45, también se usara para describirnos a cada uno de nosotros. Pero así es. En el caso de *Mesías*, sin embargo, no es sólo *hermoso*, sino *el más hermoso* de los hijos de los hombres (Sal 45:2).

Lo que sea bello en nosotros es un reflejo de *Su* belleza. *Yeshúa* nos ve a través de ojos de amor. Somos Su amada Novia. Él nos compró con Su propia sangre. Somos de gran valor para Él.

¿Alguna vez ha visto una novia fea? Yo no. ¡No existe tal cosa como una novia fea! Una novia siempre es bella porque la rodea el amor. Ella ama, y es amada. El saber esto tiene un verdadero poder transformador.

Se cuenta la historia de un campesino en una isla del Pacífico que tenía dos hijas. La hija más joven era muy hermosa, y la hija mayor no lo era. Nadie se quería casar con la hija mayor. El procedimiento usual era que la novia tenía que ser comprada. El precio regular era una vaca, pero esta muchacha era tan ordinaria que el granjero perdió toda esperanza de que su hija se casara y él pudiera tener una vaca. Un día el soltero más acaudalado de la isla, quien también era muy apuesto, visitó al granjero y le dijo: "Me gustaría casarme con su hija mayor".

El granjero dijo: "¿Está usted preparado para pagar una vaca por ella?".

El apuesto soltero respondió: "¡Absolutamente no! Ella vale mucho más. ¡Insisto en pagar diez vacas por ella!".

El granjero no podía creer lo que estaba escuchando, pero aceptó la oferta. El matrimonio se llevó a cabo. La novia se fue con su marido. Un año después, el granjero estaba sorprendido de ver regresar a su yerno con una mujer hermosa a su lado. El granjero le preguntó: "¿Dónde está mi hija?". "Ésta es su hija", respondió el yerno.

¡Un gran amor puede hermosear a *cualquiera*!

Nosotros somos *hermosos* (bellos) a los ojos de *Yeshúa* porque Él nos ama, porque Él nos compró, porque somos nuevas criaturas en Él, vestidos de la justicia que es por la fe, y porque Él nos ve como seremos algún día (como Él mismo) *la perfección de la belleza*.

Usted necesita estar de acuerdo con Dios y su opinión acerca de usted. Comparta la opinión de Dios acerca de Su Novia con un hermano o hermana en el Señor. Ministre vida, gracia y belleza. Permita que todo lo que suceda hoy esté coloreado de Su verdad gloriosa, ¡usted es hermoso o hermosa para Dios!

Día 41

Tus ojos son como palomas.

Cantares 1:15

La palabra hebrea para *paloma* es *yonah*. Viene de la misma raíz hebrea que la palabra *yayin* que significa *vino*. Aunque a primera vista, no existe una conexión obvia entre las palomas y el vino, encontramos en las Sagradas Escrituras una correlación definitiva. Ambos *la paloma* y *el vino* son utilizados como un símbolo del Espíritu Santo. El *vino* es el *vino nuevo* del *Ruach* de Dios como lo encontramos en las Escrituras del Nuevo Pacto.

La *paloma* como símbolo del Espíritu Santo se encuentra en ambos, el *Tenach* y en el *Brit HaDasha*. El Espíritu de Dios es el Espíritu de paz. La primera mención del Espíritu se encuentra en el relato bíblico de la creación en el que se dice que el Espíritu de Dios *se movía* o *revoloteaba* sobre la faz de las aguas como una *paloma*.

Ese mismo Espíritu sigue revoloteando sobre cada nueva creación que nace sobrenaturalmente en el Reino de Dios. También revolotea sobre cada alma que lo ve a Él como su Novio, preparando al pueblo de Dios para encontrarse con su Novio Celestial, *Yeshúa*. Cada miembro de la Novia también tiene este Espíritu como de paloma dentro de él, a través de la regeneración y el renacer espiritual en *Mesías*.

¿Cómo es que detecta Dios la presencia de Su Espíritu en Su Novia? ¡A través de sus ojos! Hay una enseñanza rabínica antigua que dice que los ojos indican el carácter. Una novia que tiene ojos hermosos, tiene una hermosa personalidad. La Novia de *Mesías* es hermosa ya que refleja la hermosura del Amado de su alma. Su hermosura ha sido impartida a ella a través de Su Espíritu Santo. Mientras la Novia se rinde cada vez más al Espíritu de Dios, más y más de Su belleza se ve en ella. Esto sucede cuando los ojos de la Novia se vuelven como los ojos de la *paloma*.

¿Cómo son exactamente los *ojos de paloma*? Primero que nada, son el rasgo más prominente del ave. Son grandes y redondos. Nunca voy a olvidar el cumpleaños en el que le pedí a Dios como regalo una *paloma* para poder observar sus ojos de cerca. Mis padres estaban de visita desde Nueva York. Mi papá no creía en todas mis *actividades espirituales*. Le dije que estaba esperando que me llegara una *paloma*. Hizo varios comentarios graciosos acerca del asunto, hasta que una hermosa *paloma* entró volando a nuestro jardín trasero y se sentó en un olivo durante casi toda la tarde. Cada vez que me acercaba, la *paloma* solamente se me quedaba viendo. Yo le decía a mi padre una y otra vez: "¡Mira esos ojos, papá!". Él seguía moviendo la cabeza (mi papá, no la paloma).

Las palomas no cuentan con vista periférica. Sólo pueden ver hacia el frente. Sólo pueden enfocar una cosa a la vez. Necesitamos concentrarnos así. Las Escrituras nos dicen en Hebreos 12:1-2, que la Novia de *Mesías* debe hacer a un lado todo impedimento, toda distracción, toda mirada de reojo y seguir adelante, y correr con paciencia, con los ojos puestos en el Autor y Consumador de nuestra fe: *Yeshúa*, el Mesías. En otras palabras, *¡debemos mantener nuestros ojos en Él!* Él es el faro que nos mostrará el camino en la tormenta. Él es el premio al final de la carrera. Él es la meta, la marca, el objetivo. Sólo Yeshúa.

Las palomas se aparean de por vida. Son reconocidas por su fidelidad y gentileza. De ahí es de donde viene el término *sencillo como paloma*. La Novia de *Mesías* debe tener la naturaleza fiel y gentil de la *paloma*. Mientras esperamos la venida del Novio, debemos ser hallados fieles, teniendo ojos sólo para el Amado. La tentación de tener ojos que divaguen es grande. El mundo ofrece trastos deslumbrantes. El mercado nos asalta con tentaciones por todos lados. ¡No ceda! ¡Sea fiel a *Yeshúa*! ¡Cuide lo que sus ojos vean! Resista al diablo. ¡Mire hacia otro lado cuando el materialismo, la codicia, lujuria, orgullo y las ganancias deshonestas busquen seducirle!

Pídale al Señor que le dé *¡ojos de paloma!* Esto va a tocar Su corazón. Él anhela ver fidelidad en Su pueblo. Este fruto del Espíritu, esta cualidad de *paloma*, es una parte importante para adornar a la Novia de los últimos tiempos. El Señor ha desposado a Su pueblo consigo mismo *en fidelidad* (Os 2:20). No sería maravilloso si *nosotros* viviéramos nuestra vida de tal forma que un día Él nos pueda decir a nosotros: "¡Grande es tu fidelidad!".

¡Ocupémonos de deleitar a nuestro Rey!

Día 42

He aquí que tú eres hermoso,
amado mío, y dulce;
nuestro lecho es de flores.

Cantares 1:16

El cumplido que el Novio le da a la Novia en el versículo 15 es correspondido en el versículo 16. Ahora ella le llama *hermoso* (bello) y se dirige a Él como su *Amado*. Él es *dulce* (deleitoso, placentero) para ella. Aquí vemos las alabanzas recíprocas del Cantar de los Cantares. Es una edificación mutua, una relación sana en la que la comunicación es abierta y positiva.

Los creyentes saben que la Biblia nos enseña a alabar al Señor. ¿Cómo lo hacemos? ¿Qué decimos? El Cantar de los Cantares nos provee palabras maravillosas de amor que podemos usar para comunicar nuestros sentimientos más profundos al Amado de nuestra alma. ¿Alguna le ha dicho al Señor lo hermoso, dulce y deleitoso que es? Trate de usar algunas palabras de este Cantar hoy cuando pase tiempo con el Señor en oración. El sólo decir: "*Yeshúa*, mi Amado...", y después esperar en Su presencia ¡puede conducirle a usted a un tiempo dulce sentado a Sus pies! Recuerde: "Nos hizo aceptos en el Amado" (Ef 1:6). Somos el objeto de Su deseo. Fuimos escogidos en Él antes de la fundación del mundo (Ef 1:4). El Amado nunca rechaza a Su Novia. ¡Él es más maravilloso que lo que las palabras pueden expresar!

La Novia dice que ella y el Amado tienen una cama de *flores*. ¿Qué es lo que esto puede significar? La palabra hebrea para *flores* que se utiliza aquí, *raanan*, significa *verde, fresco o floreciente*. Trae una escena pastoril a la mente. La Novia y su Amado tienen una relación que está retoñando. Su comunión está floreciendo. Posiblemente ellos se encuentran en un hermoso lugar en el campo donde el follaje exuberante verde y los árboles del campo abundan.

Mi propia relación personal con *Yeshúa* ha sido grandemente intensificada por esos momentos que he pasado con Él en un entorno natural. Algunas veces ha sido en el mar, otras en un jardín, ¡o incluso en un árbol! En octubre de 1993 hablé en un retiro mesiánico para mujeres en San Diego, California. El lugar donde se localizaba el retiro era un ambiente de bosque rodeado de montañas. Afuera del comedor había un roble inmenso, perfecto para treparlo. Me resistí durante la mayor parte del retiro (después de todo sería extraño si alguna de las mujeres encontrara a la conferencista invitada en un árbol), pero finalmente llegué a la conclusión exacta: "¿Por qué no? Posiblemente vea a *Yeshúa* como Zaqueo".

Éste era un árbol maravilloso sobre el cual sentarse, y estaba feliz de haber encontrado una placa en el tronco del árbol que decía: "Árbol de oración". Pasé un buen rato hablando con el Señor en ese árbol. Fue tan hermoso. *Él* era tan hermoso. Le pregunté acerca de mi vida. Le interrogué acerca de mi llamado y derramé mi corazón delante de Él. Me sentía abrumada por las diversas actividades que demandaban mi tiempo: matrimonio, hijos, hogar, el programa de televisión, boletines, compromisos para dar conferencias, viajes, etcétera, etcétera. Le dije al Señor. "¿A qué he sido llamada realmente?". Me dijo que viera el árbol, que mi llamado era el mismo que el llamado del árbol: DIRIGIR A LA GENTE HACIA DIOS. *Nada complicado*, pensé. Me sequé las lágrimas y realmente me sentí mucho mejor cuando me bajé del árbol.

Yo había tenido un encuentro íntimo con mi Señor. En realidad nuestra cama había sido de *flores*. Como recuerdo de ese momento, estoy considerando poner algunas flores en mi alcoba. Cuando Neil me pregunte qué estoy haciendo, le voy a decir que tiene que ver con Cantar de los Cantares 1:16. Y él me va a recordar que la cama matrimonial siempre debe ser *de flores*. Sí, nosotras las esposas debemos recordar cultivar ambos niveles de intimidad: la intimidad de *Yeshúa* y Su Novia, así como la intimidad entre la esposa y el esposo.

Señor, gracias por tiempos aparte contigo en el maravilloso mundo que has creado. Por favor, provee oportunidades especiales para que tenga comunión íntima contigo, para que pueda decir: "Nuestro lecho es de flores".

Esposas tomen esta oportunidad para orar por su propio "lecho nupcial". Pídanle al padre que lo mantenga *de flores*. Lea el Cantar de los Cantares con su esposo. En un sentido puramente literal tiene mucho que ofrecer para las parejas casadas. La primera vez que me di cuenta de esto, me sonrojé. Entonces comencé a sugerir que las parejas hablaran del Cantar de los Cantares en su luna de miel. Terminamos nuestros seminarios de matrimonios con este pensamiento final: *Lo mejor que usted puede hacer para mejorar su relación matrimonial es mejorar su relación con Dios.*

El Cantar de los Cantares puede ayudar con ambas relaciones.

Día 43

Las vigas de nuestra casa son de cedro, y de ciprés los artesonados.

Cantares 1:17

La palabra *nuestra* en *nuestra casa* se utiliza en el versículo 17 así como en el versículo 16 en *nuestro lecho*, haciendo referencia a la unidad que la Novia y el Novio están experimentando. Están construyendo una relación. Están construyendo juntos una vida. Es un edificio divino. El Hacedor y Constructor es el Señor Dios de Israel mismo.

Los comentaristas judíos tradicionales dicen que *casa* en este versículo se refiere al tabernáculo o templo en Jerusalén, el lugar de la habitación de Dios. El gran expositor judío, Rashi, explica que la existencia del templo en Israel llevó a un floreciente, vigoroso crecimiento de la población judía. El templo simboliza la intimidad que existía entre Dios e Israel.

Salomón usó madera de cedro al construir el templo por su calidad superior, fragancia y durabilidad. Los rabinos dicen que el templo que será construido en los días de *Mesías* Rey será mucho más hermoso, con vigas de Cedro del huerto de Edén, y columnas de madera de ciprés, abeto y enebro.

Hoy en día no hay templo judío. Fue destruido por los romanos en el año 70 d.C. Así que, ¿dónde mora Dios hoy? ¿Dónde está Su tabernáculo? ¿Dónde está Su hogar? La respuesta es simple y aun así profunda. Su hogar es el corazón humano. Dios ahora habita en los templos de Su Espíritu, templos no hechos por manos humanas. A través de *Yeshúa* la divinidad habita dentro de la humanidad.

Mesías, al hablar del *Ruach Ha Kodesh* poco tiempo después de Su muerte, le dijo a Sus discípulos: "Pero vosotros le conocéis, porque mora con vosotros, y estará en vosotros" (Jn 14:17).

La casa que estamos construyendo con nuestro Señor tiene

su cimiento en *Yeshúa*, el Mesías mismo. No es una relación basada en arena movediza. Los vientos pueden soplar. Las tormentas tronar. Los huracanes y tornados aumentar su frecuencia e intensidad, pero nuestra casa en *Yeshúa* permanecerá firme.

No sólo es el *cedro* una madera *real*, sino una madera altamente resistente a los insectos y a la decadencia. La casa que estamos construyendo en el Espíritu es también altamente resistente. Nuestro Dios nos ha llevado a triunfar en *Mesías* sobre todas las obras del enemigo.

Los *cipreses* eran árboles altos, inconmovibles y hermosos. Salomón los utilizó junto con el cedro cuando construyó el templo. Como el inconmovible ciprés: "Habiendo acabado todo, estar firmes" (Ef 6:13).

Posiblemente usted nunca había pensado de sí mismo como si estuviera construyendo una casa (vida) junto con el Señor. Esta verdad es especialmente importante que la comprendan los jóvenes y las personas solteras o viudas. ¡Usted está involucrado en una aventura emocionante con Dios! *Juntos* están creando algo majestuoso, hermoso y eterno. Como los cedros magníficos, está enraizado profundamente, fuerte y diseñado para durar un largo, largo tiempo. Usted no está solo.

Dedíquese al servicio de Aquel que edifica junto con usted. Invierta muchas horas en Su presencia. Discuta planes, comparta sueños, escoja materiales, aparte fondos con Él. Un día posiblemente usted construya una casa propia en lo natural. No hay mejor preparación que edificar su casa espiritual hoy con *Yeshúa*. ¡Disfrute el proceso! Y crezca *como un cedro* (Sal 92:12).

Día 44

Yo soy la rosa de Sarón, y el lirio de los valles.

Cantares 2:1

Hoy vamos a comenzar meditando en Cantar de los Cantares capítulo 2 donde somos presentados por primera vez con la rosa de Sarón. Antes de considerar la rosa, me gustaría establecer su lugar en el contexto completo de este capítulo especial.

A lo largo de los años, he seguido de cerca mi propio progreso espiritual, capítulo por capítulo, en Cantar de los Cantares. Durante muchos años (posiblemente cinco o seis), sentí como si estuviera viviendo en el capítulo dos. Lo leía una y otra vez y me decía: "¡Esa soy yo!". Me he hecho agudamente consciente del viaje en el que mi alma se embarcó el día que conocí a *Mesías*. El Cantar es la historia de mi viaje. Anhelo llegar al capítulo ocho, porque es cuando *Yeshúa* ¡vuelve por Su Novia!

La Novia habla mucho en el capítulo dos. Ella está ocupada consigo misma y es como muchos creyentes de hoy que están preocupados por que sus propias necesidades sean satisfechas. Desean ser ministrados en lugar de ministrar a otros, para ser alimentados en lugar de alimentar a otros. Esta es una parte normal de crecer en *Mesías*. Sólo se convierte en un problema si el desarrollo se detiene en esta etapa.

Yeshúa ama al alma recién convertida que le ve como su Novio y que quiere todo lo que él o ella pueden obtener de Dios y se da cuenta de lo totalmente dependiente que es de que Dios supla. La gozosa exuberancia de: "¡No merezco nada de esto! ¿Quién soy para que Dios hiciera todo esto por mí? ¡Pero me encanta!", es un sonido dulce al oído de nuestro Padre Celestial.

Esta es la humildad de *la rosa*. La Novia dice que ella es *la rosa de Sarón*. ¡Se podría escribir todo un tratado sobre la palabra *rosa* en este versículo! Ha sido traducida de diferentes formas como: *azafrán, tulipán, narciso, anémona y rosa*. Como muchos comentaristas judíos ortodoxos, así como los autores del libro *The History of the Rose in the Holy Land Throughout the Ages* (La historia de la rosa en Tierra Santa a través de las épocas) creen que *la rosa* es en realidad una rosa de cierto tipo, yo estoy a gusto con esa conclusión.

La doncella sulamita está haciendo una declaración de humildad cuando se llama a sí misma una *rosa*. Ella se ve a sí misma tan común como la rosa salvaje de la planicie de Sarón (la zona costera que va de Cesarea a Jope). En sus propios ojos ella no es nada especial, ciertamente no digna del afecto de un gran rey. ¿Quién es ella para que el rey de todo Israel pusiera en ella su amor? De la misma forma, podemos preguntar, ¿quién es la pequeña Israel para que Dios decidiera escogerla, cortejarla, casarse con ella, proveerla, perdonarla, preservarla y todavía tener un plan para ella? ¿Y quiénes somos *nosotros* que el Rey de todos los reyes nos ha escogido a cada uno de nosotros para que seamos su preciada posesión?

Gracia, pura gracia. Dios escoge a quien Él quiere. Él le ha escogido. ¡Usted es Su rosa! En los círculos cristianos tradicionales, Jesús es llamado *La rosa de Sarón* basándose en este versículo. Sin embargo, en hebreo es definitivamente femenino. Como somos *uno* con el Amado, *ambos* somos *la rosa*. Es Su belleza, Su fragancia, y Su vida en nosotros. *Mesías* nos ha hecho lo que Él es.

Yo me rodeo de rosas: rosas reales, rosas artificiales, rosas secas, pétalos de rosa. Incluso usamos una rosa en el logotipo de nuestro ministerio *Jewish Jewels* (Joyas judías). Los que interceden por nuestro ministerio son llamados *Prayer Roses* (Rosas de oración). La rosa es un símbolo poderoso de AMOR y especialmente del amor de Dios. Hace muchos años leí un poema con el título *It Was You, God, Who Ordered Roses for the World!* (¡Fuiste Tú, Dios, quien le enviaste rosas al mundo!) por Dr. Leo M. Jones:

Para sobrevivir
Debo desear sobrevivir
Es la belleza lo que me lleva
A desear continuar infinitamente.
La belleza de una rosa
Es emocionante en y por sí misma,
Pero cuando la rosa
Ha sido dada como una expresión de amor,
Su belleza es irresistible.
Incorpora
La belleza de un ser humano
Así como su propia belleza.
¡Fuiste Tú, Dios,
Quien le envió rosas al mundo!
Son una expresión
De tu amor.
Al entender esto,
La belleza de una rosa
Nunca falla en levantar mi corazón,
Ponerlo a correr,
Despertar mi deseo
Por belleza infinita.
La belleza de Dios mismo
Fulgura en cada rosa.
Aun así, ¿cuántos años
Miré las rosas antes
De descubrir su belleza?

Este poema me sigue haciendo sonreír. Si nadie más le envía rosas, ¡Dios ya lo hizo!

Confíe en que Dios le envíe rosas a *usted*. (Sucede que mientras escribo esto hoy, un hermoso rosal florece afuera de la puerta de mi oficina. Nos lo regalaron la semana pasada nuestros vecinos.)

¡Gracias, Padre, por las rosas!
¡Gracias que en el Amado, soy una hermosa rosa!

Día 45

. . . y el lirio de los valles.

Cantares 2:1

La novia ahora se llama a sí misma un *lirio, shoshana* en hebreo. *Shoshana* es una palabra interesante. También puede significar *rosa*, y de hecho así es traducida en la versión *Art Scroll Tanach Series* del Cantar. Las rosas y los lirios a menudo son intercambiables en el pensamiento hebreo.

La mayoría de las autoridades creen que *el lirio* del que habla Cantar de los Cantares 2:1 es en realidad la anémona coronaria. Esta pequeña flor es miembro de la familia de las ranunculáceas. Sus flores pueden ser color escarlata, carmesí, púrpura, azul o blanco. Hemos visto alfombras de anémonas en primavera en las laderas de Israel, incluso brotando de cualquier hendidura en las rocas. Pueden ser *comunes* pero son muy llamativas.

Los eruditos en la Biblia generalmente están de acuerdo en que *Mesías* estaba refiriéndose a la anémona cuando dijo: "Y por el vestido, ¿por qué os afanáis? Considerad los lirios del campo, cómo crecen: no trabajan ni hilan; pero os digo, que ni aun Salomón con toda su gloria se vistió así como uno de ellos" (Mt 6:28-29).

Si consideramos este versículo en el contexto de nuestro Cantar podemos imaginarnos al rey Salomón con sus vestidos reales majestuosos contrastando con la doncella sulamita, humilde, sin embargo adornada de una gloria que sobrepasa a la suya. Ella estaba vestida así sin ningún esfuerzo de su parte. Ella no *trabajó* ni *hiló* para estar así. ¡Qué lección para nosotros! Dios quiere que detengamos nuestro trabajo y nuestro hilar y permitirle hacer una obra en nosotros. Es el Espíritu del Dios Viviente morando dentro de cada miembro de Su

Novia que la hace: "Toda gloriosa", (Sal 45:13).

Aunque la anémona es más probablemente *el lirio* al que se refiere este versículo, algunos eruditos y escritores (como yo) sienten que también es apropiado hacer una comparación entre la Novia y el *lirio* como la mayoría de nosotros lo conocemos hoy en día, el *lilium candidum* o azucena blanca. Este *lirio* es blanco y fragante. Su blancura pura trae a la mente la pureza del alma redimida por la sangre de *Mesías*. Habla de los puros de corazón, aquellos que ven a Dios.

El *lirio* guarda agua en su copa, y también las almas que ven a *Yeshúa* como su Novio. La fuente del agua es pura y clara como el cristal. Es *Mesías* mismo, la Fuente de agua viva, la misma agua que brotó de una roca en el desierto que dio de beber al pueblo de Dios en Israel.

106

Las almas que ven a *Yeshúa* como su Novio son *almas-lirio*. ¡Me imagino a la Novia de *Mesías* como compuesta por muchas *almas-lirio* de todo color, raza, lengua, tamaño, forma y edad! Somos un pueblo santo para el Señor. Somos justos. Somos lavados. Somos fragantes (como el *lirio)*. Florecemos donde el Padre nos ha plantado, a menudo en *el valle* en lugar de en la cima de la montaña. Hay más de nosotros de los que pueden ser contados. Nuestra misma existencia debería proclamar: "Hay un Creador que me ha hecho, que ama al mundo que Él hizo y anhela comunicarse con Su creación".

Esto es lo que las *almas-lirio* hacen. Provocan que otros miren al Creador. Este es un llamado santo.

"Bienaventurados los de limpio corazón, porque ellos verán a Dios" (Mt 5:8).

Día 46

Como el lirio entre los espinos...

Cantares 2:2

Cuando la Novia le dice al Amado que ella es sólo una flor simple y común, ella está expresando una duda persistente respecto al amor de Él por ella. ¿*Él* me ama a *mí*? Muchos creyentes en *Yeshúa* experimentan este mismo sentimiento insistente. Algunos nunca permiten que salga a la superficie para que Dios pueda removerlo de una vez para siempre. Si usted se cuenta entre este grupo, ¡permítale al Señor a que haga una obra en su corazón hoy!

Su niñez puede ser que haya sido bastante menos que ideal. Posiblemente usted nunca conoció el amor incondicional de un padre o de una madre. Posiblemente, usted experimentó constante crítica, abandono o maltrato a una edad tierna. Dios es mayor que todos estos. En Su Hijo, *Yeshúa*, usted es una nueva creación. El Amado, hablando en este versículo, le ve a usted a través de los ojos de un amor como un *lirio entre los espinos. Mesías* ve Su propia vida manifestada en usted. Para la sulamita, el *lirio* no es de gran valor. Para Aquel que la ama, es una flor de exquisita belleza.

Ya hemos considerado al *lirio* pero, ¿y los *espinos?* La primera mención de los *espinos* en las Sagradas Escrituras se encuentra en Génesis 3:18 donde leemos acerca de la tentación y la caída del hombre. Dios le dijo a Adán que a causa de su desobediencia a la voz de Dios, la tierra sería maldita. Tendría que trabajarla todos los días de su vida, y produciría *espinos* y cardos. Los *espinos* son el resultado de la maldición. Los *espinos* son feos, dolorosos, desagradables. Leemos en Proverbios 22:5: "Espinos y lazos hay en el camino del perverso; el que guarda su alma se alejará de ellos". La Novia de

Yeshúa es bendita y llamada a ser bendición. Ella es un *lirio* en medio de una generación perversa . Ella es luz en medio de las tinieblas, vida en la faz de la muerte, belleza en un mundo lleno de fealdad; la fragancia del perdón en lugar de la peste del pecado. ¡Todo esto y más es un *lirio entre espinos!*

Nuestro llamado en la Escritura es seguro. Leemos lo siguiente en Filipenses 2:12-16, donde el apóstol Pablo (el rabino Saulo) insta a los creyentes a ocuparse *en* su salvación con temor y temblor mientras Dios produce *en* ellos: "El querer como el hacer, por su buena voluntad. Haced todo sin murmuraciones y contiendas, para que seáis irreprensibles y sencillos, hijos de Dios sin mancha en medio de una generación maligna y perversa, en medio de la cual resplandecéis como luminares en el mundo; asidos de la palabra de vida".

Yo pensé que me había desecho de todas mis tendencias espinosas (la vieja naturaleza) hasta que el Señor nos mudó a una casa grande en Ft. Lauderdale y envió a *Sus hijos* a vivir con nosotros. Durante once años Él usó a otros creyentes (principalmente mujeres judías, entre los veinte y treinta años de edad) para mostrarnos ¡cuántos *espinos* todavía necesitaban ser removidos! ¡Eso obviamente no fue suficiente! Entonces procedió a enviarnos dos hijos para refinarnos todavía más. Todavía tenemos algunos *espinos*, pero el Señor, en su abundante misericordia, ¡huele los *lirios!* ¡Él es *tan* bueno!

Su destino es ser *un lirio entre espinos*. ¡El mundo debe ver (y oler) el *lirio!* Ríndase al Espíritu de Dios mientras Él le muestra áreas en su vida que son *espinosas*. Deben ser crucificadas, ejecutadas, y la vida de resurrección vendrá después. Usted será percibido como un *alma-lirio*. Usted refrescará más que herir a otros. ¿Es eso lo que usted desea? ¡Ríndase!

Día 47

Así es mi amiga entre las doncellas.

Cantares 2:2

l Amado llama a Su Novia Su *amiga*. Esta palabra para *amiga*, en hebreo, *rayati*, implica: *una relación cercana de amistad*. Me recuerda el versículo en el Nuevo Pacto en Juan 15:15 en el que *Yeshúa* les dice a Sus discípulos acerca de un nuevo nivel de intimidad que Él va a tener con ellos: "Ya no os llamaré siervos, porque el siervo no sabe lo que hace su señor; pero os he llamado amigos, porque todas las cosas que oí de mi Padre, os las he dado a conocer".

¿Usted es Su amigo? ¿El Señor habla de Sus planes, Sus sueños y Su corazón con usted? La mañana de ayer, mientras me senté al piano adorando al Señor, Él me habló acerca de su dolor por el espíritu de adulterio que está barriendo nuestro país y a lo largo del Cuerpo de *Mesías*. Multitudes de personas están errando el blanco, quedándose cortas de todas las cosas buenas que Dios quiere darles. Están cayendo muy por debajo de Sus normas, dejando de recibir el amor, gozo y paz que Él anhela dar en abundancia. Están creyendo una mentira.

Me maravillaba que Dios me participara esta carga. Entonces me di cuenta de que Él quería que yo llamara por teléfono a una hermana en el Señor que había sido atrapada por el enemigo y que le dijera cuánto Dios la quería, la deseaba y anhelaba tener cercanía con ella de nuevo.

Esta mañana un joven vino a arreglar nuestro techo. Antes de que supiera lo que había sucedido, entablamos una conversación acerca de los postreros días que llevó a la revelación de una relación adúltera en la que él está involucrado en este momento. Me sentí guiada a confrontarlo con su pecado y compartirle que Dios tiene una mejor idea para su vida. El

Espíritu Santo ministró en una manera suave y quieta mientras se levantaba un estandarte de justicia. Me di cuenta lo importante que es averiguar lo que está en el corazón de Dios. Necesitamos ser buenos amigos Suyos, ¡así como Él lo es con nosotros!

¿Cómo podemos nosotros, como amigos de *Yeshúa* relacionarnos con *las doncellas*? ¿Cómo se relaciona la Iglesia con Israel? Históricamente, la Iglesia no ha sido una buena amiga de Israel. No ha dado una fragancia de *lirio*. En lugar de eso, la experiencia de los judíos al relacionarse con la Iglesia ha sido la persecución y el antisemitismo. Neil recuerda que su madre le contaba que su hermano había cometido el error de caminar frente a una iglesia en Polonia en la mañana de resurrección. Un grupo de jóvenes le vieron y gritaron: "Matemos al judío. Él mató a nuestro Cristo". Le mataron a golpes enfrente de la iglesia.

Los *verdaderos* creyentes en *Yeshúa* como Mesías nunca hubieran estado involucrados en una atrocidad así. La *verdadera* Novia del Cordero conoce y ama sus raíces judías y abraza un llamado a amar y consolar al pueblo judío. El *verdadero* amigo de *Yeshúa* también, con sensibilidad, comparte el glorioso Evangelio de *Mesías* con la casa de Israel. ¿De qué otra forma podemos darles: "Gloria en lugar de ceniza, óleo de gozo en lugar de luto, manto de alegría en lugar del espíritu angustiado" (Is 61:3). *Yeshúa* es *su* Mesías, el Único que puede remover los espinos que han perforado su corazón a lo largo de la historia.

Muchas veces los cristianos les tienen miedo a los judíos. No les comprenden. Parecen "diferentes". Esto es verdad hasta cierto punto. Los judíos nacidos en Israel son llamados *sabras*. El *sabra* es: *un tipo de cactus con espinas o púas largas.* Los israelíes son llamados *sabras* porque tienden a tener un exterior rudo, abrupto y franco. Sin embargo, al igual que el fruto del *sabra*, ellos son suaves y dulces por dentro. El pueblo de Dios fue diseñado por Él para ser *superviviente*. Vivir entre ellos desde 1973 me ha llevado a apreciar su capacidad especial para recobrarse como pueblo. Siempre "voy directo al corazón" con el pueblo judío. Si hay espinas en el camino, le pido al Señor que me muestre la manera de esquivarlas.

Dios no ha olvidado a *las doncellas* de Jerusalén. Ellas fueron Su primer amor. Cometieron adulterio espiritual, y también nosotros, pero Dios perdona. Ambos podemos ser restaurados y convertirnos en Sus *amigos*.

Día 48

Como el manzano entre los árboles silvestres,
así es mi amado entre los jóvenes.

Cantares 2:3

Esta es la primera de cuatro referencias al *manzano* en el Cantar de los Cantares. *El manzano* de la Biblia, como *la rosa* y *el lirio*, es un acertijo de una correcta identificación botánica. A lo largo de los siglos, ha revoloteado un acalorado debate alrededor de *la manzana* y *el manzano*. Puesto que el versículo es uno de mis favoritos, me niego a entrar en el debate, y he escogido estar de acuerdo con los muchos eruditos que sostienen que la manzana común, *malus pumila*, es la manzana de las Escrituras.

Pero sea que *el manzano* al que se hace referencia aquí es en realidad un manzano, un albaricoquero, un granado, una sidra o un naranjo, lo que la doncella sulamita está diciendo acerca de su Amado es lo mismo: "¡Él es el *mejor!* ¡Él es el mayor! ¡No hay ninguno como Él!". ¡Estoy de acuerdo! ¿Puede imaginarse a *Mesías Yeshúa* como un *manzano?*

La Biblia está llena de metáforas entre los árboles y los hombres. Hace muchos años comencé a estudiar los árboles en la Biblia. Consideré el árbol en el huerto de Edén que trajo muerte, le di gracias a Dios por el madero de muerte (Calvario) que trajo vida y terminé mi estudio con el árbol del libro de Apocalipsis cuyas hojas son para *la sanidad de las naciones*. Encontré que a menudo se intercambian los árboles y las personas en la Escritura. "El justo florecerá como la palmera" (Sal 92:12), el creyente es como: "Olivo verde en la casa de Dios" (Sal 52:8), y los creyentes gentiles son parte de un olivo silvestre que ha sido injertado en el olivo natural que es Israel (Ro 11:17).

Yo siempre he amado los árboles. De niña vivía en Westchester County, Nueva York, un área de los Estados Unidos bendecida con abundancia de árboles. En el otoño, mi padre, madre, hermano mayor y yo dábamos largos paseos por el bosque. Yo juntaba todo tipo de hojas y semillas que encontraba de todos aquellos árboles del bosque. En la primavera salíamos buscar candelillas de sauce y nos deleitábamos en las flores que comenzaban a darle color al bosque. El verano nos encontraba caminando por el grueso y fresco follaje de camino a nuestra canoa en el lago donde pescábamos casi cada noche a la hora de la cena. En el invierno nos divertíamos quitándole la nieve a las ramas frondosas mientras deambulábamos por el bosque en nuestro camino a los lagos congelados donde patinábamos sobre el hielo y pescábamos a través del hielo.

También teníamos muchos árboles en nuestra propiedad en Valhalla, Nueva York. Había pinos inmensos, árboles de peras, cerezos, arces, duraznos y manzanos Macintosh. Los disfrutaba todos ellos y me trepaba en la mayoría, pero el Macintosh era mi favorito. Cuando mi madre no me podía encontrar en la casa, me iba a buscar al manzano. Normalmente estaba ahí, leyendo libros. En el otoño estaría comiendo manzanas. Cuando me tomaba un descanso, me colgaba de las rodillas o de los tobillos de las ramas de los árboles. Esto era deleite puro para mí. Tenía un lugar perfecto para sentarme en el manzano. Escondido entre las ramas frondosas, era fresco incluso en el verano. ¡Ningún árbol se comparaba con ese!

Dejé mi manzano y me aventuré en el mundo, en el que deambulé por muchos bosques en este país y a lo largo de Europa. No encontré árboles como mi manzano que daba fruta dulce. Algunos árboles daban fruto, pero era agrio. La mayoría no tenían fruto y me dejaban vacía e insatisfecha.

Entonces, a los 26 años, encontré ese manzano de nuevo –en Jesús, el Mesías– y mi búsqueda terminó. Encontré en *Yeshúa* la fuente de gran deleite, mi porción para siempre. Había conocido mucho amor en mi vida, pero encontré el *mayor amor* de todos. Abracé a Aquel que solamente da vida, alimenta, refresca y satisface los anhelos más profundos del corazón.

No hay dios como nuestro Dios.
No hay amado como nuestro Amado.
¡Él anhela ser su fuente de alimento y refrigerio hoy!

Día 49

Bajo la sombra del deseado me senté.

Cantares 2:3

El sentarse bajo la sombra del Amado se refiere a la sumisión de la Novia a Su autoridad. Ella le da la bienvenida a Su protección y al descanso que encuentra en Él. Es un gozo maravilloso encontrar descanso para el alma de uno. Este versículo trae a la mente la invitación de consuelo de *Yeshúa* encontrada en Mateo 11:28-30: "Venid a mí todos los que estáis trabajados y cargados, y yo os haré descansar. Llevad mi yugo sobre vosotros, y aprended de mí, que soy manso y humilde de corazón; y hallaréis descanso para vuestras almas; porque mi yugo es fácil, y ligera mi carga".

Todos se sientan debajo de cierto tipo de *sombra*. Todos estamos sirviendo a alguien. En cierto momento éramos siervos del pecado. En *Yeshúa* todos nos volvemos *esclavos de la justicia*. Somos atados a Su yugo. Es un yugo fácil porque nuestro Amo es el Señor del cielo y de la tierra. Estamos atados al yugo del amor mismo. Nuestro llamado es seguir a Aquel que es mucho más fuerte, sabio, y más amante que nosotros según nos conduzca en el camino.

Algunas veces nos zafamos del yugo fácil de *Yeshúa* y decidimos irnos por otro lado. Una parábola en el libro de Jueces capítulo nueve, ilustra esta verdad. Los árboles fueron a ungir a un rey sobre ellos. Primero le pidieron al olivo que reinara sobre ellos. Cuando dijo que no, le pidieron a la vid. Cuando dijo que no, los árboles se sometieron a la zarza (un arbusto de espinas). La Biblia nos dice que pusieron su confianza bajo su *sombra*.

Nosotros podemos escoger bajo la sombra de quién nos vamos a abrigar. La *sombra* del Señor es la única opción que trae gran deleite. Israel se dio cuenta de eso por las malas. En lugar de escoger a Dios como su Rey, escogieron a Saúl. Lo que siguió fue sólo tristeza. Algunas veces hacemos lo mismo. Cuando no hacemos a Dios el Rey, o resulta que Él no es como nosotros pensamos que debería ser, nos sometemos a la zarza.

El manzano es la mejor manera. El salmista dijo: "Gustad, y ved que es bueno Jehová; dichoso el hombre que confía en él" (Sal 34:8). El rey David tenía mucho que decir a lo largo del libro de los Salmos acerca de esconderse, confiar y morar en la *sombra* del Todopoderoso. Debemos regocijarnos a la *sombra de Sus alas*. ¡Se puede confiar en Dios!

Una *sombra* es un lugar de bienvenida o refugio. Mientras que la Biblia tiene mucho que decir acerca de la *sombra de muerte*, también nos muestra "la *sombra* de vida": la *sombra* de *Yeshúa*. Esta *sombra*, de la que se habla en el Salmo 91:1, es llamada *la sombra del Omnipotente*. Se refiere a un lugar secreto de seguridad. La economía puede fallar, la tierra puede temblar, los desastres pueden rodearnos por todos lados, pero: "El que habita al abrigo del Altísimo morará bajo la sombra del Omnipotente". Ahí es donde yo quiero estar. Ahí es donde cada uno de nosotros *puede* estar al confiar en *Yeshúa* con todo nuestro corazón. Nuestra verdadera vida –la vida que cuenta para la eternidad– está escondida en *Mesías* en Dios.

Recuerdo haber cantado acerca de esta verdad con un grupo de mis estudiantes de preescolar y sus madres en una fiesta de fin de año en nuestra casa hace muchos años. Compartí con ellas una canción que había compuesto: *My Life Is Hid with the Messiah* (Mi vida está escondida en el Mesías), como un esfuerzo para poder explicarles la fuerza que motiva mi vida. Muchas veces me pregunté si alguien entendió la letra. Si no la entendieron, sé que sintieron mi corazón. Las palabras del coro se hacían más significativas para mí con cada año que pasaba:

> Pero para mí el amor que muestra
> El bien que hago, es sólo el brillo
> De mi comunión con Jesús, mi Señor.
> En Él fluye el agua viva.

En Él yo vivo, me muevo y crezco.
¡Mi vida está escondida con Jesús mi Señor!

La *sombra* de *Yeshúa*. ¡Me encanta! No es *Él*, pero es parte
de Él. Así como Peter Pan, en el cuento de hadas tradicional se
regocijó tanto cuando encontró la sombra que había perdido,
yo me regocijo de ver las *sombras* de *Yeshúa* en las Escrituras
del Antiguo Pacto. Por ejemplo, el Shabat es un tipo glorioso
de reposo en *Yeshúa;* la *Pésaj* simboliza al Cordero y Su eterna
redención; la fiesta de las Trompetas anticipa el regreso de
Mesías y el sonido final del *shofar*. Las costumbres antiguas
judías de matrimonio son sombras de *Yeshúa* buscando, selec-
cionando y tomando una novia para Sí mismo. La lista sigue y
sigue.

Los tipos y las sombras le añaden plenitud a nuestra fe. Los
creyentes en Jesús, así como los ex metodistas como yo, que
abrazan sus raíces judías las cuales incluyen tipos y sombras del
Antiguo Testamento, son enriquecidos grandemente en la fe.

Nuestros hijos siempre se deleitan en lo grande que sus
sombras los hacen parecer. Abrace al Cuerpo: *Yeshúa* (Col
2:16-17), pero no deseche la *sombra*. ¡La sombra amplifica a
nuestro precioso Señor!

Día 50

Y su fruto fue dulce a mi paladar.

Cantares 2:3

Los comentaristas judíos tradicionales ven el versículo tres como una referencia a los doce meses que Israel pasó en el monte Sinaí solazándose con las palabras de la Torah. *Su fruto*, entonces, se refiere a la Palabra de Dios. ¿Es la Palabra de Dios dulce? Sí, así es. ¡Es más dulce que la miel! Leemos en el Salmo 19:10 que la Palabra de Dios es dulce: "Más que miel, y que la que destila del panal".

Ésta ha sido mi experiencia con la Palabra de Dios desde antes de que conociera a Mesías. Cuando el Espíritu Santo estaba cortejándome en 1972, experimenté un sentido de bienestar y gozo cuando leí las palabras del Nuevo Testamento. Los pasajes en *letras rojas*, hablados por el Mesías mismo, especialmente tocaban una cuerda en lo profundo de mi alma. Todavía no era una *creyente* pero sentía que un poder sobrenatural estaba halando mi corazón. ¡Fue muy dulce y emocionante!

El día que oré en mi habitación para recibir a *Yeshúa* como mi Señor y Salvador, comencé a consumir las Sagradas Escrituras. De hecho, en los tres días que nos tomó conducir de Bethpage, Long Island, Nueva York hasta Fort Lauderdale, Florida, devoré casi todo el Nuevo Testamento. Mi esposo judío me observaba desde detrás del volante del carro mientras me derramaba sobre las páginas, hora tras hora. Nunca había leído palabras más dulces. Mi gozo estaba cumplido. Encontré completa satisfacción en el Amado de mi alma. Ciertos pasajes de la Biblia parecían saltar de las páginas de la Biblia hacia a mí. Uno de esos *besos* de Dios sigue dándole forma a mi vida todos los días. Se encuentra en el evangelio de Juan, capítulo

15, versículo 16: "No me elegisteis vosotros a mí, sino que yo os elegí a vosotros, y os he puesto para que vayáis y llevéis fruto, y vuestro fruto permanezca; para que todo lo que pidiereis al Padre en mi nombre, él os lo dé".

Estas palabras siempre han sido como *fruta* dulce para mí porque imparten un conocimiento profundo de la elección de Dios, el propósito de Dios y la provisión de Dios en mi vida. Dios quiere *besarlo* a *usted* con estas palabras hoy. Él lo ha escogido a *usted*. Él tiene un gran propósito para *su* vida. *Usted* llevará *fruto* que permanezca a través de Él. ¡Dios, su Padre, anhela darle todo en el nombre de *Yeshúa!*

Mesías tiene otro *fruto* que darnos también: el *fruto* del Espíritu, como está descrito en Gálatas 5:22-23: "Amor, gozo, paz, paciencia, benignidad, bondad, fe, mansedumbre, templanza". Él quiere que participemos de su delicioso fruto. Mientras estamos sentados con Él en lugares celestiales (vea Ef 2:6), es como si estuviéramos de vuelta en el huerto de Edén antes de la caída. Pero esta vez, hay un árbol diferente, y el Señor dice: "¡Coman del fruto!".

119

Este *fruto* –el fruto de *Mesías*– debe hacerse parte de nuestra propia vida. Esto debería ser nuestra meta como creyentes. Neil y yo siempre hemos creído que el *fruto* debe ser lo primero y *los dones* lo segundo, en nuestro caminar con el Señor. El carácter es más importante que el carisma. Esta es una razón por la que tratamos de pasar un poco de tiempo cada año entre nuestros amigos menonitas en Lancaster County, Pennsylvania. Vemos fruto dulce y agradable en su vida, y deseamos exponernos, y a nuestros hijos, a su ejemplo.

El *fruto* se desarrolla naturalmente en una rama que está en un árbol frutal. *Yeshúa* es el árbol frutal. Cuando usted permanece *en Él* todos los días, en Su Palabra, rendido a Su Espíritu, dispuesto a morir a todo lo que no lleva fruto, usted verá Su *fruto* desarrollándose en usted. Cada vez que usted domina su enojo, se refrena de decir algo que no debe, soporta pacientemente con un niño o con alguien más lento o más débil que usted mismo, su *fruto* se muestra y crece.

¿Usted está experimentando estrés? No hace mucho, se hizo un descubrimiento agrícola en Israel que mostraba que las plantas bajo estrés producían más fruto y de sabor más

dulce. ¡En Dios, incluso el estrés puede ser bueno!
   Ore conmigo:

> *Señor, deseo llevar fruto dulce y permanente para Tu Reino, comenzando a partir de HOY. Enséñame como amar de la manera en la que Tú amas. Lléname con Tu gozo y Tu perfecta paz. Ayúdame a ver el fruto que se está desarrollando en mi vida. Haz Tu Palabra más dulce que la miel para mí.*
>
> En el nombre de *Yeshúa,*
> *¡Amén!*

Día 51

Me llevó a la casa del banquete

Cantares 2:4

*S*umisión, reposo y confianza en *Mesías* son las puertas a deleites aún mayores. El Novio trae a la doncella sulamita a Su *casa de banquetes*. *La casa del banquete*, en hebreo, *Beth HaYayin*, literalmente significa *la casa del vino*. El *vino* en las Escrituras a menudo simboliza gozo, y es en *la casa del banquete* que los primeros dos frutos del *Ruach Ha Kodesh*, AMOR y GOZO, son hechos reales a la Novia.

Yeshúa tenía mucho qué decir acerca del gozo justo antes de Su muerte. Leemos las siguientes palabras en Juan 15:11: "Estas cosas os he hablado, para que mi gozo esté en vosotros, y vuestro gozo sea cumplido". ¿Qué cosas? *Mesías* estaba hablando acerca de permanecer. Debemos permanecer en Él y en Su amor. Sus palabras deben permanecer en nosotros. Esa es la puerta a la plenitud de GOZO. Me gustaría poder decir que no hay condiciones para el gozo que permanece, pero eso no sería verdadero o fiel a las Palabras de la Escritura. Tenemos gozo *si* permanecemos en el Amado.

En estos últimos días, el Padre está dándole a muchos creyentes una probada de Su gozo. Es el *vino de Su Espíritu* que viene por sorpresa y se manifiesta en risa santa. Creo que esta experiencia es real y ciertamente edificante para aquellos que participan de ella. Sin embargo, no creo que el gozo pueda permanecer a menos que la vida del creyente se apegue a las estipulaciones encontradas en Juan 15.

Como creyentes completamente nuevos, el Señor soberanamente nos trajo a mi esposo y a mí a una *casa del banquete* muy especial donde consistentemente experimentamos el gozo del Señor. Habíamos estado en Florida casi un mes y estábamos buscando un lugar donde pudiéramos sumergirnos en el océano. Tenía un deseo abrumador de seguir a *Yeshúa* a las aguas del bautismo.

¿Por qué el océano? Me encanta el océano y me imaginé que sería mejor que mis pecados fueran lavados en el océano en vez de dejarlos ¡en el fondo de la piscina de alguien! Mi esposo fue tan bueno en acompañarme en esto. Mientras nuestra búsqueda por el *lugar adecuado* continuaba, Neil encontró un artículo en el periódico que tenía una fotografía de gente corriendo por las olas de la playa de Ft. Lauderdale. El pie de foto decía: "La Iglesia está creciendo. ¡Alabado sea el Señor!". Neil dijo que pensó que posiblemente éste era el lugar para mí. Fuimos esa noche, sin tener idea del tipo de lugar al que nos dirigíamos.

Cuando llegamos allá, todos comenzaron a cantar, y mi esposo comenzó a llorar. El Espíritu Santo lo tomó de una manera poderosa. Al final del servicio, mientras fluía el vino nuevo de lo alto, corrí al frente para confesar públicamente a Jesús [Yeshúa] como mi Señor. El pastor que oró conmigo me preguntó si tenía otras peticiones. Le pedí que orara conmigo para que mi esposo judío pudiera entregar su vida a *Yeshúa* también. En ese momento vi a Neil en el otro extremo de la iglesia orando para recibir a *Yeshúa* como su Mesías. Esa noche él tuvo una visión de *Yeshúa*. Medía casi tres metros y le dijo a Neil: "Bienvenido a casa, hijo mío. Te hubiera esperado otros dos mil años. ¡Bienvenido a casa!".

¡Qué *casa de banquete* a la que fuimos guiados! Era una iglesia pentecostal de las Asambleas de Dios. El pastor se movía en los dones de sanidades y milagros. No sabíamos nada acerca de la vida en el Espíritu. Sólo sabíamos que queríamos todo lo que Dios tenía para nosotros. Estábamos hambrientos. Estábamos sedientos. ¡Deseábamos a Dios! Y Él se encontró con nosotros allí. Por casi cuatro años comimos de la Palabra viviente y bebimos del río deleitoso de *Mesías*. ¡Gustamos y vimos que el Señor es bueno! Nunca tuvimos vergüenza de pasar al frente cada vez que se daba un llamado de pasar al frente. Siempre necesitábamos más de *Yeshúa*. Fue en esa primera *casa de banquete* que aprendimos a alimentarnos a nosotros mismos. La unción de la que se habla en 1 Juan 2:27, se convirtió en nuestra maestra. Estaremos por siempre agradecidos con el pastor George Miller y su esposa por tomarnos bajo sus alas y enseñarnos acerca de nuestro Mesías.

¿Está usted hambriento y sediento por más de Dios? Él le va a llevar a una *casa del banquete* en la que usted experimente plenitud de gozo, satisfacción en Él, y el refrigerio del vino nuevo del *Ruach Ha Kodesh*. En estos días, el Espíritu de Dios se está moviendo de forma nueva, cruzando las divisiones denominacionales y atrayendo al pueblo de Dios más cerca de Sí mismo. *Yeshúa* está preparando Su Novia.

No tenemos que esforzarnos por encontrar lo mejor de Dios porque nuestro Dios siempre toma la iniciativa. *Él trae Su Novia a la* casa del banquete. Esto es la masculinidad tomando la iniciativa. Me encanta lo que C.S. Lewis dijo en referencia a esto: "Dios es *tan* masculino que toda la creación es femenina en comparación".

Por último, crea que Dios va a traer gozo a su vida mientras usted permanezca en Él. Alábele con fe por traerlo a la *casa del banquete*.

Día 52

Y su bandera sobre mí fue amor.

Cantares 2:4

La fiesta que toma lugar en la *casa del banquete* es primero y antes que nada una FIESTA DE *AMOR*. La revelación del amor de Dios es la mayor revelación que un alma va a recibir. La Novia de *Mesías* encuentra la razón de su mismo ser en esta verdad revelada.

Mesías es todo *amor*, incluso cuando nos guía en sendas de disciplina y corrección, incluso cuando sufrimos. Él sigue siendo *amor*. Este *amor* es como una *bandera sobre nosotros*. Esta palabra, *bandera*, en hebreo, es *degel*, que también puede significar *un estandarte o un pendón*. El *amor* es nuestra meta más alta. El *amor* es la *bandera* de *victoria* de *Yeshúa*. Hay una canción que dice: "¡El amor es una bandera izada desde el castillo de mi corazón, cuando el Rey se encuentra residiendo allí!".

El *amor* de *Yeshúa* cubre el alma de la persona que lo ve como su Novio. Otra manera de imaginarse esta cobertura en lugar de una bandera, sería como una *chuppah* o carpa nupcial bajo la cual una pareja judía se declara sus votos nupciales el uno al otro. Esta carpa de *amor* cubre tanto a la novia como al novio. El alma de la persona que ve a *Yeshúa* como su Novio, clama, como Rut en la Biblia: "Extiende el borde de tu capa sobre tu sierva, por cuanto eres pariente cercano" (Rt 3:9). Eso es precisamente lo que *Mesías* ha hecho por nosotros. Mientras todavía estábamos expuestos a los rayos fulminantes del pecado, *Yeshúa* proveyó una cobertura para nosotros. Proverbios 10:12 nos dice que: "Pero el amor cubrirá todas las faltas". *Amor* que perdona, *amor* que restaura, *amor* que redime, *amor* incondicional. Esta es la *bandera* de *Mesías* sobre cada alma que le reconoce como su Novio.

Una vez redimida, la Novia de *Yeshúa* sigue bajo su *bandera de amor*. Puesto que Dios mismo es *amor*, nuestra vida en Su Hijo debe ser una vida de inmersión en el *amor* de Dios. Debemos vivir en *amor*, debemos movernos en *amor*, y debemos ser en *amor*. ¡Qué llamado tan alto! ¡Qué desafío para cada uno de nosotros, ya que para amar debemos ponernos a nosotros mismos al último y a Dios y a los demás, primero! Él nos va a ayudar mientras estemos determinados a caminar en *amor*. Como Judas exhortó en su epístola en el Nuevo Pacto: "Conservaos en el amor de Dios" (Jud 21).

Aquí es donde entra el dominio propio. Cuando somos lastimados, ofendidos, ignorados, menospreciados, atacados o mal entendidos nuestra tendencia natural es salirnos del *amor* de Dios. La carne se deleita cuando nos desquitamos, buscamos vengarnos, hablamos mal de alguien o somos poco amables. Pero Dios no se agrada. *Él* debe ser nuestra primera preocupación. El Señor es digno de nuestra entrega más noble, mejor y total a Él.

Los recordatorios de Su gran *amor*, como el siguiente que el Señor habló a mi corazón el 3 de agosto de 1976 me ayudan a mantenerme concentrada en Su gran *amor* como mi bandera, y en mi meta en la vida: "Como los ríos fluyen al mar, así Mi amor fluye hacia Mis hijos que Me buscan y que Me reconocen en todos sus caminos. Sí, amo con un amor eterno, y no pido nada a cambio sino obediencia. Mis estándares son distintos de los tuyos. El sudor de tu frente no Me mueve, pero tu fe sí. Todo el sacrificio necesario ha sido llevado a cabo por Mi Hijo. Regocíjate en que esta carga sea quitada de ti. No es de ti el sufrir, sino regocijarte en un amor así".

Regocíjese en el amor de nuestro Rey hoy. Acepte por fe la verdad de que Su *bandera de amor* le cubre. Por que Él le *ama*, usted puede amar a otros. ¡Usted ha sido liberado para ser un emisario del *amor* de Dios! ¡El *amor* será su *estandarte* de victoria! Para tener una vida de victoria todos los días, ¡el amor es el camino!

Día 53

Sustentadme con pasas,
confortadme con manzanas;
porque estoy enferma de amor.

Cantares 2:5

¿*A*lguna vez ha estado en*amor*ado? ¿Alguna vez le ha escrito poemas o cartas de amor a una persona que usted amaba y que se encontraba lejos? Cuando mi madre murió, encontré una caja de cartas de amor que mi padre le había escrito cuando estaba en el ejército. Ella las había guardado cuarenta años. Ahora yo las tengo y probablemente las guarde durante otros cuarenta. También encontré un poema que escribí en la universidad, por lo menos cinco años antes de conocer al Amado de mi alma. Nunca olvidaré dos líneas de ese poema porque son demasiado poco comunes:

> ¿Amas a alguien entrañablemente sin haberle conocido?
> ¿Brillas dentro de ti como una joya?

Dios me estaba atrayendo hacia Él años antes de que me diera cuenta de ello. Él ha estado *enamorado* de usted y de mí desde que comenzó el tiempo, anhelando el día en el que le dijéramos que sí a Él, esperando el día en el que seremos conformados a la imagen de Su Hijo. Así como Dios está *enamorado* de nosotros, nosotros debemos estar *enamorados* de Él.

De acuerdo con Rambam, un filósofo judío reverenciado, el correcto amor por Dios es amarle y ser "constantemente arrobados por Él como un individuo *enamorado*, cuya mente nunca es libre de su pasión por una mujer en particular, con el pensamiento de ella llenando su corazón en todo tiempo; al sentarse o al levantarse, al comer o al beber".

Metzudas David, otro erudito judío famoso, expresó el *enamoramiento* de esta forma: "Mi alma está extasiada por el regreso de la *Shechinah* [la gloria o la presencia manifiesta de Dios]".

Cuando éramos nuevos creyentes, experimentamos esta pasión. Mi esposo y yo estábamos en nuestra congregación siempre que las puertas estaban abierta. Nunca nos perdíamos un servicio a menos que estuviéramos muy enfermos. No podíamos tener suficiente de la Biblia, del Espíritu o del Amado. Queríamos más y más de Jesús. Estábamos *enamorados* en verdad.

Nuestro Mesías, quien también es nuestro gran médico, tiene la cura para el *enamoramiento*. La cura es Su presencia, más de Él mismo. Él nos fortalece y nos consuela con Su dulce fruto.

127

Pasas se refiere a pastelitos o tortas de pasas. A mí me gusta llamarlos ¡vitaminas del Espíritu Santo! *Las manzanas* como ya hemos visto son un fruto del Manzano quien es *Yeshúa*, el Mesías. Cuando las almas originales que vieron a Jesús como su Novio, los apóstoles, experimentaron la partida del Novio, *Yeshúa* los consoló explicándoles que en su *enamoramiento* Él vendría a ellos. "Y yo rogaré al Padre, y os dará otro Consolador, para que esté con vosotros para siempre: No os dejaré huérfanos; vendré a vosotros" (Jn 14:16, 18).

Este mismo Consolador, el *Ruach Ha Kodesh*, o Espíritu Santo, viene a cada alma que ve a *Yeshúa* como su Novio, en el Cuerpo de *Mesías*. Él mora *con* nosotros y *en* nosotros. Es el *Ruach Ha Kodesh* quien le enseña a la Novia acerca de su Novio. Recuerdo un tiempo en mi vida, posiblemente diez años después de encontrarme con *Mesías*, cuando el *Ruach Ha Kodesh* habló a mi corazón (me besó) varias veces y me dijo: "Déjame mostrarte algo nuevo y especial de *Yeshúa*". Entonces me revelaba algún aspecto del carácter de *Yeshúa* y yo meditaba en eso. En una ocasión fue Su fuerza, en otra Su compasión, y en otra, Su amor por la música. El Espíritu Santo no busca atraer la atención para Sí mismo. Anhela ministrar a la Novia *enamorada* quien sólo está satisfecha con más del Amado. El Espíritu hace al Amado real en nosotros.

Algunas veces sentimos un vacío, una sequedad espiritual, y no nos damos cuenta que lo único que puede satisfacer esta necesidad es ¡más de Dios! Tratamos de llenar el vacío, de consolarnos a nosotros mismos con otras cosas. Para algunas personas la comida se vuelve su principal fuente de consuelo. Para otros las relaciones con otras personas, sea hombre o mujer. Otros encuentran consuelo en construir una casa, seguir una carrera o lograr éxito en el trabajo.

La palabra hebrea utilizada para *confortar* en este versículo es *rahped*, la cual es una raíz básica que literalmente significa *hacer una cama*. La implicación aquí es la intimidad. La única respuesta para el *enamoramiento* es la unión con el Amado. *Rahped* también implica *refrigerio*. No hay nada como una nueva conciencia del amor de Dios para refrescar el alma.

Señor, ayúdanos a buscar consuelo en Ti.
Deseamos mayor intimidad con Mesías Yeshúa.
Espíritu Santo, hazlo más real a nosotros hoy.
¡AMÉN!

Día 54

Su izquierda esté debajo de mi cabeza, y su derecha me abrace.

Cantares 2:6

La Novia en este versículo está en maravillosa unión y comunión con el Amado. Ella está en Su tierno *abrazo*. ¡Cuánto anhelamos cada uno de nosotros el ser *abrazados!* Necesitamos el toque de alguien, especialmente de nuestro Dios. ¿Cómo es que Dios *abraza* a los suyos? ¿Dónde están Sus brazos hoy? Su Novia es Su mano extendida y Sus brazos abiertos. *Necesitamos abrazar* a otros.

El toque es crucial a partir de la infancia. Muchos estudios han sido llevados a cabo acerca de la importancia del toque para el sano desarrollo emocional y físico. Los bebés que nunca son tocados o acurrucados a menudo se enferman. Algunos mueren. La gente necesita ser tocada como una expresión de amor. En nuestros seminarios de matrimonios, siempre mencionamos el estudio que mostró que las mujeres necesitan entre ocho y diez abrazos o toques por día de alguien significativo en su vida para mantener una buena salud física y emocional. ¡El abrazar es sano definitivamente!

El tocar, dar *abrazos santos*, es también un ministerio importante del Cuerpo de *Mesías*. Los que viven solos, padres solteros, viudas y viudos, especialmente necesitan abrazos de la Novia. ¿Usted necesita un abrazo? ¡Abrace a alguien más y recibirá uno de vuelta!

Yo sé que hay un *abrazo* espiritual que es casi tan real como uno físico. He experimentado esto muchas veces. Sucede durante momentos de profunda adoración. Hay una conciencia de la presencia manifiesta de Dios. ¡Se percibe una ternura amorosa en el Espíritu! La gloria de Dios se vuelve una realidad. La Novia de *Yeshúa* experimenta el mismo cuidado y protección en ese momento que el que un bebé siente cuando su madre abraza con suavidad su cabeza y lo mece en sus brazos.

Recuerdo la primera vez que cargué a mi hijo mayor, Jonathan, en mis brazos. Yo era completamente novicia con los bebés, nunca había cuidado bebés; no tuve hermanas o hermanos menores cuando niña. De hecho, yo les tenía algo de miedo a los bebés. Estaba segura de que eran muy, pero muy frágiles. La enfermera del hospital me enseñó cómo poner mi brazo bajo la cabeza de Jonathan para cargarlo. Pronto me sentí bastante cómoda cargándolo. ¡Y nunca, jamás, se me cayó! Lo mismo sucede con Dios. Él nunca nos suelta. Él nunca deja caer a Su Novia. Ella está segura en Su *abrazo*.

Aquellos que realmente le pertenecen a *Yeshúa* han sido un regalo para Él de parte de Su Padre. Son suyos para siempre. Su amor y relación se intensificarán después de la muerte cuando su *abrazo* sea todavía más real. Me encanta la referencia a la *mano* de Dios en Juan 10:28-29. *Yeshúa* les está hablando a Sus discípulos acerca de Sus ovejas: "Y yo les doy vida eterna; y no perecerán jamás, ni nadie las arrebatará de mi mano. Mi Padre que me las dio, es mayor que todos, y nadie las puede arrebatar de la mano de mi Padre".

Nada ni nadie nos puede separar del amor de Dios que es nuestro en *Mesías Yeshúa*. Él nos está abrazando fuertemente. Cuando somos más débiles, Él está allí para sostenernos y cargarnos.

Algunos de los primeros comentaristas del Cantar, han señalado que la *mano* izquierda de Dios, aquella que nos sostiene, no siempre es visible para el alma que ve a *Yeshúa* como su Novio. Es Su mano, la que está sobre nosotros para bien (Esd 8:22), la que nos guarda del peligro cuando ni siquiera sabemos que el peligro existe. Es la *mano* que nos mece cuando estamos dormidos y arregla las circunstancias a nuestro favor. En contraste, la *mano derecha* es la que representa los asuntos de Dios, el ejecutar Su voluntad en la vida de Su Novia. La *mano derecha* es a la que le diríamos: "¡Detente!" en esos momentos en los que sentimos dolor, calor o presión, mientras *Yeshúa* nos moldea y nos da forma en el proceso de refinamiento. Sin embargo, debemos rendirnos a Su justa *mano derecha* porque el trato de Dios con nosotros brota de Su amor.

No rehuya Su toque. Sus *manos*, las *manos* del carpintero, pueden ser un poco rudas, pero son fuertes y por siempre llevarán las marcas de Su amor por mí y por usted. Descanse en el *abrazo* de *Yeshúa*, y entonces toque a otros por Él.

Día 55

Yo os conjuro, oh doncellas de Jerusalén,
por los corzos y por las ciervas del campo,
que no despertéis ni hagáis velar al amor, hasta que quiera.

Cantares 2:7

¡El tiempo y la ocasión son importantes en el Reino de Dios! Incluso las buenas obras realizadas en el nombre de *Yeshúa* a veces son menos efectivas espiritualmente de lo que debieran porque se pierde la oportunidad de Dios. Eclesiastés 3:1 dice que: "Todo tiene su tiempo, y todo lo que se quiere debajo del cielo tiene su hora". El versículo 5 incluso dice que hay *un tiempo para abrazar, y un tiempo para abstenerse de abrazar.*

La novia, en este versículo del Cantar, les está pidiendo a las *doncellas de Jerusalén* que se abstengan de importunar el abrazo, el descanso, la unión, la comunión íntima que la Novia está teniendo con su Amado. No es tiempo de seguir adelante todavía. La Novia no está lista para el siguiente paso. Dios está obrando. Su Espíritu Santo ha colgado un letrero que dice: "¡No molestar!". ¿Pueden las *doncellas* leerlo? ¿Harán caso a su exhortación?

Por los corzos y por las ciervas del campo es un juramento que se utiliza para enfatizar la seriedad y la urgencia de la petición. Se utiliza dos veces en el Cantar, en 2:7 y 3:5. En cada ocasión se conjura a las *doncellas de Jerusalén* que no apresuren lo que Dios está haciendo.

"Espere en el Señor". Este es el mensaje del versículo 7. *Su* tiempo es perfecto. Él no tiene prisa. (*Nosotros* solemos tener prisa.) *Él* tiene todo el tiempo del mundo. (*Nosotros* no solemos tenerlo.)

El versículo trae a mi mente a los hermosos y callados venados que habitaban los bosques cerca de la casa de mi infancia en Westchester County, Nueva York. Nunca olvidaré el día en el que mi padre me llevó a cazar venados con él; en lugar de ir con él al bosque, decidí esperar en el automóvil. Tenía once años de edad aproximadamente. Después de un par de horas levanté la vista, y justo frente a mí, se detuvieron cerca de ocho venados inmensos. Se me quedaron viendo mientras rápidamente y en silencio cruzaron el camino al bosque en el otro lado. Me quedé sin habla.

Poco después mi papá regresó al automóvil. Estaba molesto porque no había visto ni siquiera un venado. Le dije que ¡me habían ido a visitar! Hizo cierto tipo de juramento *por los corzos y por las ciervas del campo*, y yo estaba secretamente contenta de que su arco y sus flechas no habían dado en estas criaturas magníficas.

Nuestras almas necesitan tiempos de quietud. Hay momentos en los que bramamos por el agua viva, anhelando al Señor, buscando solo estar en Su presencia. Cuando estamos allí, debemos tener nuestras reservas de salirnos apresuradamente. A menudo estamos en peligro de contristar al Espíritu Santo de Dios cuando oramos y saltamos para irnos a algún lado antes de que Dios tenga la oportunidad de respondernos. Miramos el reloj, o el horario, o el programa en los servicios de adoración y no le permitimos a Dios el tiempo para hacer la obra profunda que Él desea hacer en nuestro corazón.

El amor no puede ser presionado. No podemos *hacer* que nuestros seres queridos amen al Señor. No podemos *forzar* a nuestros amigos y vecinos a que acepten a *Mesías*. *Podemos* orar para que el Espíritu Santo haga *Su* obra en su vida, y darle espacio para que Él obre.

Las personas bien intencionadas a menudo pueden presionarnos a que nos movamos más rápido o que hagamos algo que Dios no nos está pidiendo que hagamos. Manténgase firme. Agrade al Señor. Hable la verdad en amor y humildad, resista el *temor del hombre* y tema a Dios.

Nosotros necesitamos ser sensibles al tiempo de Dios y Su dirección en nuestras vidas. Él está con nosotros. Él está obrando en cada uno de nosotros, perfeccionando a Su Novia. Busquemos agradarle, caminar suavemente delante de Él y darle la bienvenida a la obra de Su Espíritu en nuestra vida.

Día 56

¡La voz de mi amado!

Cantares 2:8

La voz del *Amado*, *Kol dodi*, en hebreo, ha sido uno de los temas principales de mi vida desde que conocí a *Yeshúa*. Creo que esto no es algo que se originó en mi corazón, sino en el corazón de Dios para Sus propósitos y Su gloria.

El Espíritu de Dios suave, pero poderosamente, me cortejó durante casi un año de 1972 a 1973. Comencé a leer las Escrituras del Nuevo Pacto, y las palabras en rojo (las palabras de *Mesías)* quemaban en mi alma. Podía sentir a Dios hablándome. Todavía no era Su hija, ¡pero aun así Él habló!

Cuando finalmente oré para recibir a Jesús el 25 de julio de 1973 en mi habitación en Bethpage, Nueva York, el deseo de escuchar la voz de Dios se enraizó firmemente en mi corazón. Me arrodillé junto a nuestra cama mientras Neil me observaba, y abrí el folleto (Las cuatro leyes espirituales) que mi amiga Cathy me había dado. Ella me dijo que orara con él cuando estuviera lista, ¡y estaba lista! Las lágrimas rodaban por mis mejillas mientras confesaba mi pecado, mi separación de Dios, mi vida dirigida por mí misma, y mi deseo de colocar a *Yeshúa* en el trono de mi corazón.

Cuando terminé la oración del folleto, continué orando. Le dije a *Yeshúa* que ahora que había despejado la pregunta básica de a quien pertenecía, ¡estaba lista para recibir algunos milagros! Pedí tres: (1) Nunca volver a fumar (había intentado dejarlo en mi luna de miel y tuve unos síntomas de abstinencia tan fuertes ¡que casi acabaron con el matrimonio!) (2) Nunca volver a beber otra vez (había alcoholismo del lado de la familia de mi padre) y (3) Siempre escuchar la voz de Dios. Dios comenzó a responder cada una de estas tres peticiones inmediatamente.

134

Mi oración acerca de *la voz del Amado* tuvo que haber sido inspirada por el Espíritu. Yo no estaba asistiendo a la iglesia. Nadie me enseñó acerca de la voz de Dios. Pero ya había tenido una probada de la dulce comunión con Dios que se promete a los que están en *Mesías*. Yo quería —deseaba apasionadamente— que esa voz fuéra parte de mi vida para siempre.

Para mucha gente, escuchar la voz de Dios no es algo que sucede hoy en día. El pueblo judío tiene problemas especialmente con este concepto. Ven a Dios como santo, asombroso y, en su mayoría, distante. Su Nombre es considerado demasiado sagrado para escribirlo completo. Así que, en lugar de Dios, la mayoría de los judíos religiosos escriben D-s. No hace mucho leí un artículo en un periódico judío en el que tres rabinos abordaban la interrogante: "¿Puede hablarme D-s como le habló a Moisés?" (la Biblia nos dice en Éxodo 33:11, que Dios habló con Moisés: "Cara a cara, como habla cualquiera a su compañero").

El primer rabino decía que así como él no estaba seguro cómo D-s hablaba con Moisés, tampoco estaba seguro de cómo D-s podría o si quisiera realmente comunicarse con cualquiera de nosotros.

El segundo rabino declaraba que, él no había experimentado una "transmisión directa" de D-s, y que si sucediera, que él no estaba seguro de ser capaz de sobrevivir la intensidad de una revelación directa. También mencionó que los "rabinos" han enseñado que la época de la profecía ha cesado y que D-s ya no se revela a Sí mismo a la humanidad en una manera directa.

El tercer rabino dijo que la Torah misma proclama que la relación profética sin mediador, cara a cara, que Moisés compartía con D-s sólo era para él. Aunque esto no sea una verdad completa, el rabino hizo una declaración que sí es válida acerca de la Palabra de Dios: "La Torah se ha convertido en un oráculo a través del cual los eruditos de Israel y la gente pueden inferir la voluntad de D-s y aplicarla a su vida".

Sí, Dios habla a través de Su Palabra. Él besa a su pueblo con besos de Su boca. Pero hay más. En la Torah misma, en Deuteronomio 18:18, Dios habla de un nuevo profeta como Moisés, que será el vocero de Dios, será Su voz: "Profeta les levantaré de en medio de sus hermanos, como tú; y pondré

mis palabras en su boca, y él les hablará todo lo que yo le mandare."

¡El Profeta como Moisés es *Yeshúa!* No sólo Dios le habló
cara a cara, sino que Su voz y la voz de Dios son una porque
Yeshúa y el Padre son uno. Cuando *Yeshúa* habla, escuchamos
directamente a Dios. ¡Gracias a Dios que Él todavía habla
hoy!

Día 57

Mis ovejas oyen mi voz, y yo las conozco, y me siguen.

Juan 10:27

Esta magnífica proclamación-promesa de la boca de *Yeshúa*, nuestro Rey Pastor fue hecha en la fiesta de la Dedicación (*Hanukkah*, en hebreo). El punto principal es muy claro: ¡Las ovejas de *Yeshúa* escuchan Su voz! Esta es parte de su herencia en Él. Aun así, a muchas de las ovejas de Dios les ha sido robada esta preciosa herencia. Juan 10 tiene mucho qué decir acerca del *Buen Pastor*, Sus *ovejas* y *Su voz*. También habla acerca del *ladrón*.

Meditemos hoy en algunas de las declaraciones de *Yeshúa* registradas en Juan capítulo 10: "Y a sus ovejas llama por nombre, y las saca (v. 3) Yo soy la puerta de las ovejas. Todos los que antes de mí vinieron, ladrones son y salteadores; pero no los oyeron las ovejas. Yo soy la puerta; el que por mí entrare, será salvo; y entrará, y saldrá, y hallará pastos. El ladrón no viene sino para hurtar y matar y destruir; yo he venido para que tengan vida, y para que la tengan en abundancia (v. 7-10)".

Una clave para la vida abundante que Jesús prometió ¡es escuchar Su voz! El enemigo de *Yeshúa, ha satan* en hebreo, literalmente *el acusador*, está interesado en evitar que los creyentes escuchen la voz de Dios. Sin la conciencia de la voz de Dios no hay una comunicación de doble vía, no hay una relación real; es bancarrota espiritual.

Dios sigue hablando, pero nuestra habilidad para escuchar, sintonizar Su voz, es el campo de batalla. El mundo está lleno de ruidos y voces, y muchas de las voces claman por nuestra atención. Recuerdo el año en el que yo era maestra de veintisiete alumnos en preescolar y no tenía asistente. Cuando presentaba algo nuevo, les indicaba a los niños que tomaran sus asientos y que comenzaran a trabajar. Inevitablemente tenía que escuchar por lo menos doce voces gritando: "¡Maestra!", "¡Señora Lash!", todos al mismo tiempo. Todos necesitaban mi ayuda, ¡inmediatamente!

De hecho amaba todas esas vocecitas y el ritmo acelerado de satisfacer cada necesidad, pero el Señor no me podía hablar de la forma que Él quería hacerlo. Él estaba celoso. Un día durante un "tiempo silencioso" mientras los niños estaban en sus colchones de descanso, Él me habló y me dijo: "Te estoy llamando a que dejes de enseñar en preescolar". Silenciosamente lloré el final de mis producciones dramáticas y musicales, espectáculos de cocina, unidades de estudio emocionantes, y, más que ninguna otra cosa, esas caritas adorables que se deleitaban en escuchar mi voz y que odiaban que llegara el viernes. Aun así, tomé la decisión y seguí a mi Pastor.

Mi empleo como maestra y mi envolvimiento con mis alumnos había causado que echara a un lado la voz de Dios. El ladrón me había distraído sutilmente con algo bello y bueno, incluso piadoso; sin embargo, eso no era más la voluntad de Dios para mí.

Escuchar la voz de Dios toma tiempo y silencio. El escuchar debe ser cultivado como una habilidad de comunicación. Es necesario que haya un deseo, y escuchar la voz de Dios debe ser una prioridad.

Dios quiere que *usted* escuche Su voz. Él lo conoce a usted, y sabe qué está estorbando para que usted escuche Su voz. Sintonícese hoy para que pueda revelarle cualquier distracción en su vida y decirle qué hacer acerca de ellas.

Yeshúa continuó, en Juan 10:16, y dijo algo acerca de Su voz que la gente a través de los años ha malentendido: "También tengo otras ovejas que no son de este redil; aquéllas también debo traer, y oirán mi voz; y habrá un rebaño, y un pastor".

Yeshúa no les estaba hablando aquí a los gentiles. Él les estaba hablando a Sus compatriotas judíos. Las *otras ovejas* son los que no son judíos que habían de ser unidos a la casa de Israel: judíos y no judíos juntos; un rebaño, un pastor y *una voz* que los uniera.

Ore conmigo:

Señor, ¡quiero oír Tu voz! Soy una de Tus ovejas. Háblame y abre mis oídos espirituales para escuchar lo que estás diciendo. Entonces dame la gracia, el poder y la determinación de obedecerte y seguirte.

En el nombre de Yeshúa,
AMEN

Día 58

Voz de Jehová sobre las aguas.

Salmos 29:3

*E*l Señor quiere que continuemos meditando ¡en Su *voz!* Salmos 29 es un buen medio para esto. Todo el salmo habla acerca de la *voz del Señor.* Nos dice que *la voz del Señor* es poderosa y llena de majestad. *La voz del Señor quebranta los cedros, derrama llamas de fuego y hace temblar el desierto. La voz del Señor desgaja las encinas y desnuda los bosques.*

¿Cómo suena *la voz de Dios?* Discutí este asunto con los niños de la Sar Shalom Hebrew Academy (Academia Hebrea Sar Shalom), que es la escuela de nuestra sinagoga mesiánica, en diciembre de 1994 en un servicio de oración. Los niños parecían genuinamente interesados en conocer más acerca de la *voz* de Dios. Les dije que muchas veces la *voz* de Dios suena como nuestra propia voz. Por eso algunos creyentes no saben cuando Dios les está hablando. Dicen: "¡Ese soy yo!". Podría ser. O podría ser Dios. Toma tiempo, experiencia, práctica, conocimiento de la Palabra de Dios, y fe para discernir con precisión la *voz* de quien está uno escuchando. Va a haber errores. ¡Puedo casi garantizarle eso! Pero son parte del proceso de aprendizaje y no debe ser una fuente de desánimo.

La *voz* de Dios siempre está de acuerdo con Su Palabra y nunca la va a contradecir. La *voz* de Dios puede convencernos de pecado, pero nunca nos va a condenar. La *voz* de Dios puede sonar como la suya, pero va a nacer de las alas del Espíritu. Su mensaje va a ser enviado del cielo, no algo que usted se inventó.

El *silbo apacible* del cual se habla en 1 Reyes 19:12 es a veces difícil de reconocer. Pero Dios generalmente no le habla a Sus hijos en el viento, el temblor, o el fuego. Él habla en una *voz* delicada y susurrante. ¡Para escuchar el *silbo apacible* su mente y su espíritu deben estar acallados!

El 25 de julio de 1979, en el sexto aniversario de mi nuevo nacimiento en *Yeshúa*, esperé para escuchar ese *silbo apacible*. En esa época vivíamos cerca del océano, y bajé a la playa con mi sillita de playa para hablar con el Señor temprano en la mañana antes de que las multitudes llegaran. Abrí nuestra conversación con: "Señor, Tu Palabra dice que Tu *voz* está *sobre las aguas*. Yo creo eso. Como es mi aniversario de haber nacido de nuevo y yo sé lo mucho que te gusta dar obsequios, me gustaría un regalo de tu parte— algo digno de Tu gran creatividad que lleve mucho fruto en Tu Reino. ¡Y no me voy a ir a casa hasta no recibirlo!".

Me senté cerca de la orilla del agua un rato, enterrando mis dedos de los pies en la arena y admirando las chispeantes conchas blancas, llamadas *lucinas*, que adornan la playa de Ft. Lauderdale. Entonces comencé a tararear una canción que acababa de escuchar basada en Eclesiastés 11:1:

> Echa tu pan sobre las aguas; porque después de muchos días lo hallarás.

Una y otra vez las palabras de Eclesiastés 11:1 obraban en mi Espíritu. "La Palabra de Dios es pan de vida", musité: "¿Cómo puedo echar la Palabra de Dios a las aguas?". Entonces lo supe: "¡Las conchas!". He coleccionado conchas desde que comencé a caminar. Cuando Neil se casó conmigo, ¡también tuvo que aceptar llevarse todas mis cajas de cartón con conchitas! Las lucinas eran suaves y perfectas para escribir sobre ellas. ¡Eso era! Sabía que debía escribir mensajes de Dios en las conchas y echarlas sobre las aguas. Neil me sugirió que pusiera nuestro número telefónico dentro de cada concha para que los buscadores sinceros pudieran tener alguien a quien contactar.

Encontré que los marcadores permanentes marca *Sharpie* y el spray acrílico *Krylon* eran la mejor combinación para ese tipo de conchas y comencé a hacer conchitas mensajeras. Cuando la marea crecía, lanzaba las conchitas sobre la arena cerca de la orilla del agua para que la gente que caminara por la playa las encontrara.

El Espíritu de Dios me había hablado a través de Su *silbo apacible*. Un beso de Eclesiastés 11:1 ha llevado a cientos de personas a escuchar la voz de Dios. Las historias de las personas que han encontrado mis conchitas blancas a través de los años podrían llenar un libro entero.

La *voz* de Dios puede ser escuchada de otras maneras también. Él habla a través de circunstancias. Él habla a través de otras personas. Y por supuesto, Él habla a través de Su Palabra, Su carta de amor para cada uno de nosotros.

¿Está usted hambriento por escuchar la *voz* de Dios? ¡Eso espero!

Prepare su corazón para escuchar. Espere un beso.

¡Usted escuchará la *voz del Amado!*

Día 59

He aquí él viene.

Cantares 2:8

$\mathcal{E}$sta es una promesa. *¡Él viene!* El Amado no va a permanecer lejos. Su voz a menudo precede Su venida. Vemos un ejemplo de esto a través de las páginas del *Tenach*. La voz de *Mesías* proclama la gloriosa verdad de que el plan de Dios de enviar un Redentor a Israel se llevaría a cabo en el cumplimiento de los tiempos. Tres versículos en Salmos 40:6-8 están vivos con el sonido de la voz de *Mesías:* "Sacrificio y ofrenda no te agrada; has abierto mis oídos; holocausto y expiación no has demandado. Entonces dije: He aquí, vengo; en el rollo del libro está escrito de mí; el hacer tu voluntad, Dios mío, me ha agradado, y tu ley está en medio de mi corazón".

Éste es *Yeshúa*, el Mesías, hablando antes de que viniera realmente a la tierra para llevar a cabo el plan de Su Padre. Escuchamos Su voz otra vez en Isaías 61:1, cuando *Yeshúa* proclama Su misión divina: "El Espíritu de Jehová el Señor está sobre mí, porque me ungió Jehová; me ha enviado a predicar buenas nuevas a los abatidos, a vendar a los quebrantados de corazón, a publicar libertad a los cautivos, y a los presos apertura de la cárcel".

Primero Su voz, después Su venida. Él nos está hablando hoy a través de Su Espíritu Santo. Y ¡Él vendrá otra vez! Un Mesías; dos venidas. Esta verdad ha sido escondida del pueblo judío durante cientos de años, pero muchos lo están viendo hoy. El Señor está hablando al corazón del pueblo judío alrededor del mundo, revelándoles a Jesús. Miles de judíos rusos están recibiendo al Señor. La voz de Dios está llamando a muchos de Su pueblo a casa. La profecía se está cumpliendo a diario. ¡Dios está hablando! El Mesías viene otra vez.

Las palabras *he aquí*, en hebreo es *hiney*. Implica *ver. ¡Miren! ¡Vean! ¡He aquí!* Vemos con los ojos de la fe. Nuestro Novio Rey viene por nosotros. Él prometió que lo haría en Juan 14:3 cuando dijo: " Y si me fuere y os preparare lugar, vendré otra vez, y os tomaré a mí mismo, para que donde yo estoy, vosotros también estéis".

El Espíritu de Dios está preparando una Novia para ese día. "Y el Espíritu y la Esposa dicen: Ven", a todos aquellos que todavía no han conocido al Amado, porque el tiempo se está acabando (Ap 22:17). *Yeshúa*, hablando a través de las páginas de la Biblia en Apocalipsis 22:12, nos asegura esto: "He aquí yo vengo pronto, y mi galardón conmigo".

¿Qué hay acerca de hoy? ¿*Yeshúa* vendrá a nosotros en el lugar donde vivimos y trabajamos, donde tenemos que tratar con tantas demandas, presiones, expectativas y responsabilidades? ¡Sí! *¡He aquí Él viene!* Él ha prometido nunca dejarnos sin consuelo. Él ha prometido nunca abandonarnos ni desampararnos. Él viene a nosotros a diario en la persona del Espíritu Santo.

Estas últimas veinticuatro horas he estado muy conmovida porque he comenzado a leer un libro acerca del Espíritu Santo. Estoy encontrando mucha revelación profunda y verdad tanto de la voz de Dios como de Su presencia en nuestra vida. Dios me está diciendo que clame por más de Él, le dé la bienvenida a Su Espíritu en mi hogar y en todo lo que hago.

"Espíritu Santo, ven, ¡haz a mi Novio todavía más real para mí! Él se fue y te dejó *a Ti* en Su lugar. Por favor ven para estar conmigo en este momento. Deseo tener dulce comunión contigo". Esta fue mi oración esta mañana. Me di cuenta por primera vez que mis horas al piano adorando al Señor con lágrimas de gozo o risa han sido tiempos de Su *venida. Yeshúa*, por el *Ruach Ha Kodesh*, viene a nosotros en donde nos encontramos. Déle la bienvenida al Espíritu Santo. Véalo venir por fe. ¡Haga espacio para Él en su vida!

Día 60

Saltando sobre los montes, brincando sobre los collados.

Cantares 2:8

¡Nuestro Novio Rey siempre viene en victoria! ¡Él es el Señor resucitado! Ninguna *montaña* lo puede mantener alejado de nosotros. La primera vez que *Mesías* vino, Él *saltó* sobre las montañas de pecado y condenación y nos trajo salvación. Ningún pecado va más allá de Su poder salvador. Ninguna situación familiar, ninguna cautividad espiritual, mental o emocional es demasiado grande para obstaculizarlo. *Yeshúa brincó* sobre todos ellos trayendo redención al mundo.

El profeta Isaías predijo esta gran salvación en Isaías 40:4-5 cuando escribió: "Todo valle sea alzado, y bájese todo monte y collado; y lo torcido se enderece, y lo áspero se allane. Y se manifestará la gloria de Jehová, y toda carne juntamente la verá". ¡En *Yeshúa*, nuestro Novio Celestial, la gloria del Señor se revela!

Cierto número de rabinos ha creído durante siglos que este versículo se refiere al Mesías y Su redención. La mayoría no han hecho la conexión entre el versículo y Jesús de Nazaret. Sin embargo, habla de Él. *Yeshúa* se encontró a un cobrador de impuestos llamado Mateo y *saltó* sobre lo vil de su profesión, atrayéndolo al Reino de amor y al servicio del Maestro. Se encontró con una prostituta llamada María y *saltó* sobre su vergüenza y degradación, transformando a una marginada en un alma que lo veía como su Novio Celestial. Conoció a un hombre rico llamado Zaqueo y *saltó* sobre la iniquidad y una vida sin propósito trayendo gozo y novedad de vida.

Yeshúa brincó sobre los *collados* también. *Brincó* sobre la petulancia de Pedro, las dudas de Tomás, el ego de Juan y de Jacobo, las muchas ocupaciones de Marta y mucho más.

Un *monte* que aparentemente había conquistado al Señor fue el monte Calvario. Este *monte* fue el lugar donde el Hijo de Dios se encontró con la derrota, o así parecía. Él fue crucificado. La muerte lo había vencido, pero sólo por un momento breve. *Yeshúa saltó* sobre esa *montaña* también. La muerte no lo pudo contener, y se levantó de la muerte. La muerte, el *monte* más alto, el enemigo más fiero fue hollado gloriosamente por *Yeshúa*, nuestro Señor y Rey. Ahora, no sólo la muerte sino todos los principados y potestades están bajo Sus pies.

Mientras esperamos la segunda venida de *Mesías*, estamos conscientes de muchos *montes* y *collados* al derredor nuestro. El pecado abunda. La economía falla. La violencia surge por todos lados. La misma tierra tiembla bajo nuestros pies.

El Espíritu de Dios responde a todo esto con, "¡NO TEMAS! ¡DIOS ESTÁ EN CONTROL!". Él es mayor que cualquier *monte* o *collado*. Él *salta*. Él *brinca*. Él pasa sobre ellos sin esfuerzo. Porque para con Dios, ¡nada es imposible! Uno de los versículos favoritos de Neil que habla acerca de la victoria de *Mesías* sobre los *montes* de la vida se encuentra en Juan 16:33: "En el mundo tendréis aflicción; pero confiad, yo he vencido al mundo". ¡Regocíjese! ¡No se preocupe! ¡La victoria es del Señor!

Eche hoy sus ansiedades sobre Él. Entréguele los *collados*, las decepciones, los desengaños, las frustraciones y las preocupaciones. Entréguele también los *montes*, ya sea la pérdida de un empleo, un ser querido, un hogar, enfermedad, maltrato, divorcio o una fortaleza del enemigo en su familia.

¡La victoria de *Mesías* es suya! Porque Él *salta*, usted también puede *saltar*. Así como Él *brinca*, usted puede *brincar*. Que el Salmo 18:29 sea su confesión hoy:

> Contigo desbarataré ejércitos, y con mi Dios asaltaré muros.

Día 61

Mi amado es semejante al corzo, o al cervatillo.

Cantares 2:9

*L*a Novia describe a su victorioso y salvador Señor. Él es como un *corzo* (gacela) o un *cervatillo*. La palabra hebrea para *gacela*, *tzvee*, viene de una raíz que significa *prominencia* o *belleza*. También lleva la connotación de *bueno, agradable y glorioso*. La palabra hebrea para *cervatillo*, *ayal*, viene de una raíz que significa *fuerza* y se refiere a un *venado* o un *ciervo macho*.

La misma naturaleza de la *gacela* y el *cervatillo* es saltar sin esfuerzo sobre las alturas más rudas con gran facilidad. Esta es la misma naturaleza del Mesías de Dios. Él es hermoso en Su fuerza. Él es gracioso y glorioso.

Tzvee, con el significado de *glorioso*, se utiliza pocas veces en las Sagradas Escrituras. La tierra prometida es descrita como *gloriosa* en Ezequiel 20:6 y 15 y Daniel 11:16, 41. El monte del templo es descrito como un *monte glorioso y santo* en Daniel 11:45. El Señor de los Ejércitos es profetizado como una futura *corona de gloria* para el remanente de Su pueblo en Isaías 28:5. El renuevo del Señor es llamado hermoso y *glorioso* en Isaías 4:2.

Esta misma *gloria* es la *gloria* de la *Shekinah*, la presencia manifiesta de Dios que reposó en *Yeshúa* cuando Él caminó sobre la tierra. Hubo *gloria* en la dedicación de *Yeshúa* en el templo. Simeón dijo del niño: "Porque han visto mis ojos tu salvación, la cual has preparado en presencia de todos los pueblos; luz para revelación a los gentiles, y gloria de tu pueblo Israel" (Lc 2:30-32).

Yeshúa vino al mundo para ser la *gloria* de Su propio pueblo. El apóstol Juan dijo lo siguiente acerca de la *gloria* que acompañó a la encarnación: "Y aquel Verbo fue hecho carne, y habitó entre nosotros (y vimos su gloria, gloria como del unigénito del Padre), lleno de gracia y de verdad" (Jn 1:14). *Yeshúa* había compartido esa *gloria* con Su Padre antes de venir a la tierra. Leemos en Juan 17:5 Sus propias palabras: "Ahora pues, Padre, glorifícame tú al lado tuyo, con aquella gloria que tuve contigo antes que el mundo fuese".

La Biblia nos dice que la primera vez que *Yeshúa* manifestó Su *gloria* fue en Caná de Galilea cuando realizó Su primer milagro público. Este *kiddush* de Su ministerio fue, apropiadamente, un *milagro nupcial*. ¡*Yeshúa* convirtió el agua en vino en un banquete de bodas! Lo que era natural se volvió sobrenatural. Lo que estaba vacío se llenó. Los discípulos de *Yeshúa* vieron la *gloria*, y creyeron en Él (Jn 2:11).

Nuestro Amado es *glorioso*. Él es el Rey de *gloria* (Sal 24:7). El Dios de Abraham, Isaac y Jacob lo ha designado heredero de todas las cosas. A través de Él, Dios hizo los planetas. El Hijo de Dios es: "El resplandor de su gloria, y la imagen misma de su sustancia" (He 1:2-3). ¡Gloria!

Nuestro Amado fue fiel a Aquel que lo designó, así como Moisés fue fiel en toda Su casa (He 3:2-6). Él es la *gloria* mayor.

Una de las cosas sorprendentes acerca de nuestro *glorioso* Señor es que Él le ha dado Su *gloria* ¡a cada uno de nosotros! En su oración como Sumo Sacerdote en Juan 17, poco antes de Su muerte, *Yeshúa* intercedió a favor de aquellos que creían en Él y de aquellos que iban a creer en Él a través de las palabras de ellos: "Para que todos sean uno; como tú, oh Padre, en mí, y yo en ti, que también ellos sean uno en nosotros; para que el mundo crea que tú me enviaste. La gloria que me diste, yo les he dado, para que sean uno, así como nosotros somos uno" (Jn 17:21-22).

Únase conmigo en oración hoy:

¡Señor, muéstranos esa *gloria!* Ayúdanos a caminar en el Espíritu y estar en Tu *gloria*. Entonces podremos cruzar todas las barreras y ser verdaderamente un Cuerpo, una Novia. ¡Gracias por Tu *gloria* en mi vida!

Día 62

Helo aquí, está tras nuestra pared, mirando por las ventanas, atisbando por las celosías.

Cantares 2:9

$\mathcal{E}$l concepto de la gloria de Dios siendo bloqueada parcialmente no es una idea nueva en la Escritura. Moisés le dijo a Dios, como está registrado en Éxodo 33:18: "Te ruego que me muestres tu gloria". El Señor le dijo a Moisés que no podría ver el rostro de Dios, porque ningún hombre puede ver a Dios y vivir. Esta fue la solución del Señor: "Y cuando pase mi gloria, yo te pondré en una hendidura de la peña, y te cubriré con mi mano hasta que haya pasado. Después apartaré mi mano, y verás mis espaldas; mas no se verá mi rostro" (Éx 33:22-23).

"Ahora vemos por espejo, oscuramente; mas entonces veremos cara a cara. Ahora conozco en parte; pero entonces conoceré como fui conocido" (1 Co 13:12).

Yo nunca he visto a *Yeshúa* cara a cara, pero he tenido algunas visiones de Él. Una de ellas ocurrió en un servicio de Shabat en nuestra congregación local en Ft. Lauderdale en mayo de 1994. Estaba adorando al Señor en el altar, solazándome en Su dulce presencia. En mi corazón había un deseo por más del Amado. Estaba hambrienta espiritualmente. Dios me sorprendió con Su amor como lo ha hecho tantas veces en el pasado, y entonces tuve una visión fugaz de *Yeshúa*. Él venía caminando hacia mí con Sus brazos extendidos, listo para rodearme con Sus brazos. Me dijo: "Bailemos. Necesitamos comenzar a practicar para estar listos para el gran día". La visión terminó y me llenó del gozo que viene al darse uno cuenta de hasta donde llega el amor del Novio. Sentí que comenzó a surgir risa santa de mi ser interior.

No vi Su rostro. Sólo vi hasta Su cuello. Me enfoqué en sus brazos extendidos. Esos mismos brazos están extendidos para cada uno de nosotros hoy. ¡Oh, qué glorioso va a ser cuando nos abracen, y bailemos con *Yeshúa* en el banquete de las bodas del Cordero! (Por favor no se ofenda, ¡siempre se baila en las bodas judías!)

Pero por ahora, necesitamos darnos cuenta que Él está observándonos amorosamente, anhelando acercarse. ¡Algo nos separa! Cantar de los Cantares 2:9 lo llama *nuestra pared*.

La palabra hebrea para *pared* aquí es *kotel*. Ésta es la *única* vez en la que la palabra *kotel* es utilizada en las Sagradas Escrituras. Si usted ha estado en Israel, probablemente haya visitado un lugar llamado *Kotel*. También es llamado el Muro Occidental y es el único vestigio de la pared externa del gran templo en Jerusalén. Muchos judíos creen que cuando el templo fue destruido en 70 d.C. el Espíritu de Dios permaneció detrás del *Kotel*.

Yo creo que hoy el Espíritu de Dios nos está pidiendo que consideremos si haya cualquier *pared* entre nosotros y nuestro Novio. Hay tantas cosas en el plano de la carne que obstaculizan su caminar con Él. La abundancia de ocupaciones es una *pared* con la que siempre tengo que contender, confesarla como pecado y abandonarla. La incredulidad, la voluntad propia y el orgullo, mantienen a *Yeshúa* a cierta distancia también.

A pesar de todas las *pared*es que ponemos, nuestro Mesías sigue mostrándose a Sí mismo a nosotros. Encuentra grietas en nuestras paredes y Él las hace ventanas. El versículo 9 dice que estas ventanas son *como una celosía*. ¡La palabra *celosía* me ministra mucha gracia! Dios no puede dejar de amarnos. Él debe tener cierto contacto con nosotros. Encuentra una apertura y se asoma. ¡Él es tan paciente y longánimo!

Yeshúa anhela mostrarse a Su pueblo judío, a todo pueblo. Incluso ahora, Él se está mostrando través de la *celosía*. Decidamos remover todos los obstáculos que nos separan de nuestro Señor, sabiendo que sin importar qué, Él seguirá estando pendiente de nosotros, ¡con los brazos extendidos!

Día 63

Mi amado habló, y me dijo: levántate,
oh amiga mía, hermosa mía, y ven.

Cantares 2:10

El *Amado, dodi* en hebreo, ahora invita a Su Novia. Las palabras que habla son de las más hermosas en toda la Biblia. Son dulces al oído de un hijo de Dios. *Levántate,* o *ponte de pie,* es *koom* en hebreo, de una raíz que también significa *permanecer, continuar, levantarse, levantar, morar, excitar, fortalecer y tener éxito.*

El Mesías está llamando a Su Novia a ir más alto, a venir aparte con Él. ¡Él la desea! Él quiere que ella se separe para Él. Él tiene más verdad que ella puede aprender. Es tiempo de dar un paso de fe.

Levántate, oh amiga mía tiene un significado personal profundo para mí. Hace muchos años, al principio de los años ochenta, cuando comencé a estudiar el Cantar, leía el capítulo 2 y entonces pasaba tiempo adorando al Señor en el piano. Un día mientras meditaba en la frase *"Levántate, oh amiga mía"*, el Señor comenzó a darme una canción, tanto letra como música al mismo tiempo. Durante casi dos horas estuve en el Espíritu *con Él.*

Cuando la unción terminó, había escrito una canción completa y sentía que *Yeshúa* mismo me la había cantado a mí. Esto sólo me ha pasado una vez en la vida. He escrito otras canciones, movida por el Espíritu Santo, pero ésta era diferente. *Yeshúa* había cantado y de Él mismo nació esta canción en particular.

Nuestro buen amigo Jonathan Settel grabó "Levántate, oh amiga mía" en una versión más moderna con movimiento de jazz, diferente a la que escuché ese día. Sin embargo, me siento muy emocionada de escuchar su voz cantando las palabras que *Yeshúa* me cantó a mí ese día. Posiblemente todos oigamos a nuestro Mesías pronunciar las palabras, *Levántate, oh amiga mía*, el día que venga a llevarnos con Él.

Incluso los comentaristas judíos etiquetan la palabra *levántate* en este versículo como el llamado. Y creen que este *llamado*, el cual fue dado a través de Moisés a los hijos de Israel en Egipto, resonó una y otra vez a lo largo de la historia de Israel, y será escuchado por última vez cuando preceda nuestra redención final. ¡*Levántense!* El Mesías está aquí.

Hasta ese día, Su Espíritu nos *llama* a subir más alto, a salir de nosotros mismos, a confiar más en Él, a salirnos de la autocomplacencia y el letargo, y tomar nuestra posición a Su favor.

La palabra hebrea para *levántate* en este versículo es utilizada con frecuencia en los contextos marciales al referirse a: *preparación para, entrar en, y ganar la, guerra*. Algunas veces *koom* connota *victoria anticipada o lograda*. "Si Dios es por nosotros, ¿quién contra nosotros?" (Ro 8:31).

Esta es la hora para que la Novia de *Mesías* escuche y obedezca Cantares 2:10. Nuestro Amado está llamando un ejército de almas que vean a *Yeshúa* como su Novio. No podemos seguir dándonos el lujo de dejar nuestra armadura en el piso de nuestra habitación. Debemos levantarnos y vestírnosla, preparados para la batalla. Vestida con su armadura, la Novia de *Mesías* es hermosa en Sus ojos. Se le ha dado *el cinto de la verdad, la coraza de justicia, el escudo de la fe, el calzado de la paz, el yelmo de la salvación y la espada del Espíritu*. Esta armadura es parte de nuestro arreglo nupcial.

Amiga mía y *hermosa mía*, en el versículo diez, son términos de cariño para la Novia. *Amiga mía* en hebreo es *rayati*, que literalmente significa *mi compañera o mejor amiga*. *Hermosa mía* en hebreo es *yaphah*, que ya hemos visto antes en el Cantar. Significa *brillante y hermosa*. *Ven* es *halach*, la cual es una raíz que significa *caminar, irse, partir, fluir, seguir o marchar*.

Cualquiera que sea el detalle del significado, el mensaje central es claro. *Yeshúa* nos invita a subir más alto, posiblemente caminar en el Espíritu más consistentemente o andar en amor en una manera mayor. Hay mucho espacio para un caminar mayor en fe para todos y una necesidad de andar como es *digno de nuestro llamado* en el Amado. Debemos salir de nuestra zona de seguridad.

Un paso a la vez es todo lo que Él espera. Nuestros pasos de fe son tan bellos para nuestro Señor como los primeros pasos de un niño son para sus padres.

Una nueva aventura en Dios nos espera mientras *Yeshúa* extiende sus brazos a nosotros, instándonos a que vayamos con Él.

Hoy, trate de darle un tiempo extra para que Él pueda revelarle algunos de Sus planes para *su* vida.

Día 64

Porque he aquí ha pasado el invierno, se ha mudado, la lluvia se fue
Cantares 2:11

La tierra de la Biblia, Israel, es una tierra con dos estaciones principales: invierno y verano. El invierno (finales de septiembre a marzo) es un tiempo de lluvia. El verano es un tiempo caluroso y soleado. El invierno es una estación de crecimiento, y el verano es una estación de reposo de la tierra. Aunque la lluvia provee la humedad que las plantas necesitan para dar fruto, cuando cesa, hay un sentido de alivio y alegría. La mayoría de nosotros preferimos días brillantes y soleados que días oscuros y lluviosos. La sulamita se regocija de escuchar a su Amado anunciar que la lluvia ha cesado.

Cuando la lluvia se detiene y el verano comienza es un tiempo de gran belleza y productividad en Israel. Durante el periodo entre *Pésaj* y Pentecostés *(Shavuot)*, la cosecha de trigo está madurando y el fruto del resto de las siete especies de Israel (especialmente la uva y las aceitunas) comienza a desarrollarse.

La palabra para *invierno* en este versículo es *s'thav*, la cual proviene de una raíz que significa *esconderse*. Las épocas *invernales* en nuestra vida tienden a ser esos tiempos en los que el Señor parece estar más distante. Algunos días son oscuros. La lluvia cae. Nos mojamos y nos congelamos hasta los huesos. La adversidad es nuestra porción. Posiblemente experimentemos la muerte de una visión que pensamos que Dios nos ha dado. El *invierno* puede ser una temporada difícil para los que aman a Dios. Y aun así, la Biblia nos dice en Eclesiastés 3:1: "Todo tiene su tiempo, y todo lo que se quiere debajo del cielo tiene su hora".

En Dios hay temporadas. Nosotros experimentamos una

temporada invernal difícil durante 1993 cuando mi esposo fungió como rabino mesiánico interino en lugar de nuestro líder espiritual quien se enfermó y se tomó un descanso sabático. Nuestra temporada *invernal* incluía tener en equilibrio dos ministerios al mismo tiempo y tratar de mantener a flote una congregación, mientras soportábamos la crítica, inseguridad e incluso la calumnia entre las filas. ¡Qué desafío! El *invierno* es una estación oscura mientras uno pasa a través de ella, pero hay una nueva vida preparándose bajo la superficie al mismo tiempo. Es una época de ser *enraizado y sembrado en amor* (Ef 3:17). Mientras nos esforzábamos para ayudar entre tanto nuestro rabino pudiera regresar a sus ocupaciones, Dios estaba preparando grandes bendiciones para nosotros. Venía una cosecha. El verano estaba a la vuelta de la esquina.

¡Qué gran consuelo es escuchar las palabras *se mudó y se fue*! En Cantares 2:11 literalmente significan que la *lluvia partió, caminó o marchó*. Esta frase me recuerda nuestras visitas anuales al pediatra con nuestros dos hijos. ¡Cómo nos encanta escuchar las palabras: "Ya acabó", cuando la enfermera se lleva las agujas fuera de nuestra vista! Nos sentimos de la misma forma como cuando un dentista dice esas mismas palabras. La *lluvia* viene en forma de pruebas, disciplina, silencio espiritual y muchos ataques; pero Dios es fiel y la *lluvia* pasa. ¡Estamos agradecidos con Él de que no nos dé más de lo que podemos soportar!

La interpretación tradicional de *invierno* entre los comentaristas judíos son los cuatrocientos años de cautiverio en Egipto. Como el Cantar de los Cantares es leído cada *Pésaj* en los hogares judíos alrededor del mundo, los judíos son animados a verse a sí mismos como si personalmente hubieran salido de este cautiverio. Como judíos mesiánicos, siempre tratamos de enfatizar la verdad gloriosa de que *en realidad hemos* salido del cautiverio: la esclavitud al pecado y al Egipto espiritual. El *invierno* de nuestra separación del Dios de Israel terminó cuando pusimos la sangre del Cordero Pascual por fe en el dintel y los postes de nuestro corazón. Dios ya no está escondido más de nosotros. ¡Le hemos conocido personalmente!

El *invierno* está terminando para el pueblo judío en todo el mundo ya que *Yeshúa* se está revelando a ellos. Este es un día emocionante para servir al Señor. Tenemos una palabra de consuelo para Israel, el pueblo de Dios: "El *invierno* terminó. ¡La primavera ha llegado!". El profeta Isaías expresó bellamente esta verdad: "Consolaos, consolaos, pueblo mío, dice vuestro Dios. Hablad al corazón de Jerusalén; decidle a voces que su tiempo es ya cumplido, que su pecado es perdonado; que doble ha recibido de la mano de Jehová por todos sus pecados" (Is 40:1-2). "Por un breve momento te abandoné, pero te recogeré con grandes misericordias. Con un poco de ira escondí mi rostro de ti por un momento; pero con misericordia eterna tendré compasión de ti, dijo Jehová tu Redentor" (Is 54:7-8).

El mismo Dios que consuela a Israel desea consolarlo a *usted*. Él es bueno. Él es misericordioso. Él utiliza el *invierno* para nuestro beneficio y crecimiento, pero se asegura que la primavera (o el verano) sigan.

Día 65

Se han mostrado las flores en la tierra
Cantares 2:12

Yo he asociado las flores muy cercanamente con el amor desde que era una niña pequeña. Mi madre y mi papá se conocieron mientras ella trabajaba en la florería de su tía en Valhalla, Nueva York. Nuestra casa estaba constantemente llena de flores. Cuando tenía cinco años de edad, conocía por nombre a casi todas las flores en nuestros jardines. Observaba a mis padres cuidar amorosamente enormes camas de geranios, petunias, zinias y caléndulas. Nuestro espacioso jardín estaba adornado con rosales, arbustos de vistarias, lilas, violetas, lirios del valle, forsitias, peonias, hortensias, y otras, cuyos nombres he olvidado. Mi madre cortaba flores con frecuencia y hacía arreglos florales con ellas para la casa. Su belleza daba un mensaje sin palabras de un gran amor.

A mi padre le gustaban las orquídeas –las grandes– de la variedad *cattleya*. Desde que tengo memoria siempre se aseguró que yo tuviera una orquídea grande en el día de pascua. Nunca se le pasó una pascua. Incluso durante los años en los que el alcoholismo lo tenía en un cruel cautiverio y él resentía profundamente tener que compartirme con mi marido, aun así se las arreglaba para hacerme llegar una orquídea. En sus últimos años, incluso arregló la entrega de la orquídea para que la pudiera tener en *Pésaj*, ya que él sabía que asistíamos a una sinagoga mesiánica y celebrábamos la resurrección durante el tiempo de *Pésaj*. Todavía tengo los últimos dos prendedores de orquídeas que me envió mi papá colgando del corcho de mi oficina.

Mi padre se fue con el Señor el 20 de junio de 1993. Cuando *Pésaj* se acercaba ese año, comencé a hablar con el único padre que todavía tenía mi Padre en los cielos. Le recordé las orquídeas y le pregunté si Él iba a continuar con la tradición. El día del *seder* de *Pésaj* llamaron a la puerta. ¡Una orquídea! La tarjeta decía que era una orquídea de parte de mi Padre Celestial, vía Neil, mi amoroso marido. Yo estaba emocionada.

Así como las flores se marchitan, también los recuerdos. Pasó un año y llegó la primavera una vez más. Era *Pésaj* y estábamos programados para volar a Chicago a un *seder* público bastante grande. Me pregunté acerca de la orquídea, pero no dije nada. Mientras veía fuera de la ventana de mi oficina, noté que nuestro arbusto de gardenias estaba a punto de florecer. La mañana siguiente dos hermosas flores aparecieron. Las corté y disfruté grandemente su fragancia y belleza sencilla. Salimos a Chicago, tuvimos un *Pésaj* maravilloso, y regresamos a Ft. Lauderdale pocos días después.

De vuelta en mi oficina, hablé con el Señor y le dije algo parecido a, "No estoy enojada, Señor, pero estoy muy sorprendida. Tú eres tan maravilloso con los detalles, y *nunca* faltas a una cita, ¡y realmente pensé que te acordarías de enviarme una orquídea este año también!". Hubo silencio en mi oficina durante un momento y entonces un silbo apacible habló directamente a mi espíritu: "¿Cuáles te gustan más, las orquídeas o las gardenias?".

Respondí: "Gardenias", porque me encanta la fragancia y normalmente, las orquídeas no tienen perfume. Además las gardenias fueron las primeras flores que recibí como regalo de un joven, y yo solía pedir prendedores de gardenias cuando asistía a los bailes.

Entonces el Señor dijo: "¿Entonces por qué piensas que cometí un error? Si yo decidí enviarte gardenias en lugar de orquídeas, ¿cuánto dura una orquídea? ¿Cuánto tiempo supones que te durarán las gardenias?".

Las tuve durante *meses*, hasta bien entrado el verano. Mi casa estaba constantemente llena de gardenias. Había puesto a Dios en una caja, y había decidido cómo debía bendecirme. ¡Él tiene mejores ideas de las que yo tengo!

El año siguiente, el 1995 prometía ser una secuela emocionante. Un día antes de salir a un *seder* público en San

Petersburg, Florida, el arbusto de gardenias estaba cargado de botones verdes y parecía como que faltaba una semana para que floreciera. Le mencioné esto a Neil quien simplemente meneó la cabeza. La mañana siguiente, Neil entró corriendo a nuestra alcoba diciendo: "Él es *tan* fiel. Él es tan *fiel*". Neil había salido y, por supuesto, una gardenia había florecido esa mañana. Le di gracias al Señor, dancé un poco y cuidadosamente la coloqué en una hielera para el viaje. La noche siguiente en el *seder* estaba sentada al piano tocando un poco de música mientras los invitados tomaban sus asientos, cuando Dennis, un muchacho de 13 años de edad que nos había visto durante muchos años en la televisión, se me acercó con una caja grande de plástico. ¡Ya lo adivinó! Dentro había una orquídea blanca grande. Me quedé sin habla. Dennis dijo: "Espero que te guste. Dios me dijo que te la comprara". (¿No es Dios romántico?)

No hay *manera* de medir el gran, profundo e inefable amor de Dios. En este momento tengo una orquídea en el refrigerador, y por lo menos cincuenta gardenias en un arbusto.

Considere enviarle flores a alguien. Ministran amor, y el Señor hace que *se muestren en la tierra* para recordarnos Su amor por nosotros.

Día 66

Se han mostrado las flores en la tierra,
el tiempo de la canción ha venido.

Cantares 2:12

*E*l Señor quiere que sepamos todavía más acerca de las flores mencionadas en el versículo 12. Comienzan a aparecer en Israel tan temprano como enero y continúan hasta el mes de junio. La palabra para *flores* usada en este versículo, *nitsanim*, se relaciona con la palabra *nissan*, que es el primer mes del año en el calendario bíblico y significa *florecer*.

En nuestro viaje a Israel en 1995, llegamos justo cuando los retoños de almendra llegaban a su punto máximo. El almendro es el primer árbol que florece en Israel en primavera. Tiene hermosos retoños rosas y blancos, y cuando el viento sopla, los pétalos, como nieve, caen flotando suavemente a la tierra. ¡Es un panorama bellísimo que observar!

En tiempos antiguos, las flores de almendra tenían un significado religioso especial para los hebreos. La palabra para almendro es *shaked* que quiere decir *apresurar, o vigilar*. Hay un juego de palabras en Jeremías 1:11-12 que sólo se comprende cuando se traduce al hebreo: "*La palabra de Jehová vino a mí, diciendo: ¿Qué ves tú, Jeremías? Y dije: Veo una vara de almendro* [shaked]. *Y me dijo Jehová: Bien has visto; porque yo apresuro* [shoked] *mi palabra para ponerla por obra*". [Nota del traductor: el texto masorético dice: "*Porque yo vigilo* [shoked] *mi palabra para ponerla por obra*".]

¡El Dios de Israel está listo para poner por obra Su Palabra en cada uno de nosotros! Que los retoños del almendro y todas las flores nos recuerden esa verdad. El Señor desea enviar Su Palabra para sanar a nuestros seres queridos. Él anhela establecernos a cada uno de nosotros en Su Palabra para que podamos estar firmes en el día de la prueba. Él quiere que reclamemos las promesas de Su Palabra. ¡Son los "sí" de Dios para nosotros!

La Novia de *Mesías* está lista para tomar un nuevo paso en Dios. Es tiempo para que la Palabra se haga carne en ella, para que florezca en su vida diaria. Lo que el Señor ha obrado *en* ella ahora debe ser *hecho* en la presencia de toda la gente.

También es tiempo de *cantar*. El hebreo en este versículo parece indicar que *la canción* no es sólo *el canto de las aves*. Es un tiempo de *cantar*, un tiempo de alabanza. ¡Cantar alabanzas al Señor es algo que siempre está bien! Especialmente, he disfrutado los últimos dos años de alabar al Señor en mi sala de estar con la compañía de un perico. La Biblia dice que todo lo que respire alabe al Señor. Deberíamos tomar lecciones de las aves. *Cantar* es parte de su ser. Debe ser parte de la nuestra también.

Rashi, un comentarista rabínico famoso, dice de la frase: "El tiempo de la canción ha venido", que también podría expresarse como: "El tiempo en el que usted ha sido destinado para cantar una canción de alabanza a Dios por haber partido el mar, ha llegado". Nosotros como creyentes en *Yeshúa* tenemos mucho de qué *cantar*. Tendríamos suficientes razones para *cantar* si el Señor sólo nos hubiera salvado de nuestro pecado. Tenemos todavía más razones para *cantar* ya que nos salvó de nuestro pecado y puso Su Espíritu dentro de nosotros. Todavía tenemos una razón más para *cantar* ya que nos salvó, nos santificó y nos dio Su Palabra, las Sagradas Escrituras. Y sobre todo eso, *Mesías* intercede por nosotros a diario y está preparando lugar para nosotros para que podamos estar siempre con Él. ¡*Dayenu*! ¡Esto es razón más que suficiente para *cantar* las alabanzas de nuestro Dios!

Pésaj, en el judaísmo tradicional, es en verdad un tiempo para *cantar*. Se cantan canciones durante todo el *seder*, y en algunas casas el *seder* concluye con muchas canciones de los Salmos *Hallel* (Salmos 113-118).

Israel cantó al otro lado del Mar Rojo. ¿Podemos hacer menos que eso? Cada año en *Pésaj* cantamos una canción de victoria basada en el Cántico de Moisés en Éxodo 15:1-2:

Cantaré yo a Jehová, porque se ha magnificado grandemente;
Ha echado en el mar al caballo y al jinete.
Jehová es mi fortaleza y mi cántico,
Y ha sido mi salvación.
Este es mi Dios, y lo alabaré;
Dios de mi padre, y lo enalteceré.

Yeshúa es nuestro cántico. Él es nuestra fuerza. Él es nuestra victoria. Yo VOY a *cantar*. Es un acto de la voluntad. Debemos *cantar* al Señor y alabarle en todo tiempo.

Nuestros nombres están escritos en el cielo. Esa es la razón para regocijarnos y cantar.

Nuestro Dios nos ama. Esa es otra razón.

Hoy es primavera para el alma. CANTE.

Día 67

Y en nuestro país se ha oído la voz de la tórtola.

Cantares 2:12

La palabra hebrea *tor* es la palabra que se utiliza aquí. Significa *tórtola*. También es un término cariñoso. Las *tórtolas* eran parte del sistema de sacrificios del Antiguo Pacto. Eran traídas al sacerdote judío en pareja y se convertían en una ofrenda ofrecida por fuego, de aroma grato al Señor. El pobre que no podía pagar un cordero solía traer *tórtolas* tanto como ofrenda por el pecado, como ofrenda quemada. El Señor se agradaba de este sacrificio. Cuando el niño Jesús fue presentado al Señor en el templo en Jerusalén, María y José trajeron un par de *tórtolas* para ofrecer de acuerdo con la ley del Señor.

Hoy en día, en Israel se habla acerca de restablecer el sistema de sacrificios. Hay un instituto en Jerusalén que está preparando activamente la reconstrucción del tercer templo y el restablecimiento del sistema de sacrificios. Alguien en Israel probablemente está criando millones de *tórtolas* en este mismo instante. Hemos visto en persona los recipientes de plata que han sido hechos para recibir la sangre de los sacrificios. ¿Comenzarán de nuevo los sacrificios? Si lo hacen, Dios no los va a aceptar. *El* sacrificio ya fue ofrecido, por todos los hombres, por todos los siglos.

Yeshúa [Jesús], como una *tórtola*, se ofreció a Sí mismo a Dios como el sacrificio final por el pecado. La voz de Su Espíritu puede ser escuchada en Israel como nunca antes. Esta voz está anunciando Su pronta venida (el regreso) de Mesías. Incluso los judíos hasídicos con fervor mesiánico han colocado letreros amarillos por todo Israel que dicen: **"Prepárese para la venida del Mesías"**. Los judíos creyentes en *Yeshúa* están saliendo a las calles de Tel Aviv, Haifa, Jerusalén y otras ciudades, para proclamar las Buenas Nuevas del sacrificio de *Yeshúa* por el pecado. Son *tórtolas* modernas que han hecho grandes sacrificios personales para ser los mensajeros de los postreros tiempos para el Señor en Su tierra. Satanás, y la comunidad ultraortodoxa, quieren silenciar esas voces, pero no podrán hacerlo. La voz de estas *tórtolas* es parte del gran plan divino.

La voz del Espíritu de Dios habla al corazón de hombres, mujeres y niños en todo el mundo, pero hay algo especial acerca de escuchar esta voz en Su ciudad favorita, Jerusalén. En nuestro primer viaje a Israel, Neil y yo esperábamos con una gran expectación ir al *Kotel* (el Muro Occidental). Nos sorprendimos de lo inmenso que es. Neil fue a orar del lado de los hombres y yo del lado de las mujeres en el Muro. Sentí la presencia de Dios de una manera maravillosa y me conmovió hasta las lágrimas. Neil de hecho escuchó que la voz de Dios le hablaba un mensaje poderoso mientras observaba a las palomas hacer sus nidos en las grietas del Muro. El Señor dijo: "Mi Espíritu puede ir a cualquier parte en el mundo que quiera excepto un lugar: el corazón humano. Ahí, para entrar, debe ser invitado".

¡Cómo respeta Dios nuestro libre albedrío! Él no nos va a obligar a que le amemos, obedezcamos o busquemos Su rostro. Dios es glorificado solamente cuando escogemos hacerlo la prioridad de nuestra vida y respondemos a Su voz.

Podemos ser *tórtolas* para nuestro Dios. Ofrezcámosle *sacrificio de alabanza* hoy, y presentemos nuestro cuerpo como: "Sacrificio vivo, santo, agradable a Dios, que es vuestro culto racional" (Ro 12:1).

Día 68

La higuera ha echado sus higos.

Cantares 2:13

La higuera, t'aynah en hebreo, tienen un lugar prominente tanto en las Escrituras del Antiguo como del Nuevo Pactos. Había *higueras* en el huerto de Edén. Adán y Eva cosieron hojas de *higuera* para cubrirse. La tierra que Dios le prometió a Su pueblo en Deuteronomio 8:8 era una "Tierra de trigo y cebada, de vides, *higueras* y granados; tierra de olivos, de aceite y de miel".

La higuera es vista como un reloj profético en la Escritura: "De la higuera aprended la parábola: Cuando ya su rama está tierna, y brotan las hojas, sabéis que el verano está cerca" (Mt 24:32). La *higuera*, en este versículo, es un símbolo de Israel. Esta nación es el reloj de Dios. Las profecías bíblicas se están cumpliendo a diario en la tierra de Israel, al ser repatriados los judíos de todos lo extremos de la tierra. Vigilar de cerca a Israel nos deja saber dónde estamos en el plan profético.

En Cantar de los Cantares 2:13 *la higuera* tiene higos verdes. Éstos son higos que no están maduros. El árbol apenas está comenzando a dar fruto. Los higos verdes son la promesa de Dios de que vienen cosas buenas. *Las higueras* tienen la costumbre inusual de producir fruto antes de que las hojas hayan surgido de su periodo latente. Cuando las nuevas hojas salen completamente, usualmente el fruto de la *higuera* ya está maduro. A este respecto, las *higueras* producen fruto al revés del patrón de la mayoría de los árboles frutales. Israel va a hacer algo parecido. La salvación vino a ellos primero, pero serán los últimos en llevar fruto. Durante más de dos mil años la iglesia gentil ha dado fruto. Ahora Israel está comenzando a llevar fruto conforme *la higuera* es plantada firmemente en su propia tierra.

Israel está floreciendo, tanto físicamente como espiritualmente. Se están cultivando con éxito frutas de todo tipo en
Israel y están siendo enviadas alrededor del mundo en cumplimiento a lo dicho en Isaías 27:6: "Días vendrán cuando Jacob
echará raíces, florecerá y echará renuevos Israel, y la faz del
mundo llenará de fruto". Israel también está llevando fruto
espiritual. Sabios ganadores de almas están produciendo lo
que Proverbios 11:30 llama: "El fruto del justo", un: "Árbol de
vida". El pueblo judío está recibiendo a Jesús como su Mesías.

¿Cuál debe ser la relación de la iglesia con esta *higuera* floreciente? Uno de mis versículos favoritos que tienen que ver
con este asunto se encuentra en Proverbios 27:18: "Quien
cuida la higuera comerá su fruto". Esta es una promesa para
aquellos que bendicen a Israel y al pueblo judío. A menudo
digo que cada vez que soy una bendición para mi esposo judío
¡hay una promesa de fruto! Desde que fui llamada al ministerio mesiánico (comencé en 1976), he tenido el privilegio de
ser parte del plan especial de Dios para amar, alimentar,
educar, animar, exhortar y bendecir a Israel. ¡Oh, qué bendiciones ha traído esto a mi vida! Estoy segura de que *cuidar la
higuera* trae las mismas recompensas espirituales que Génesis
12:3 y Salmos 122:6: "Bendeciré a los que te bendijeren, y a
los que te maldijeren maldeciré; y serán benditas en ti todas las
familias de la tierra", "Pedid por la paz de Jerusalén; sean pros-
perados los que te aman".

¿Usted, recuerda Cantares 2:10 cuando el Novio llama a la
Novia: "Levántate, oh amiga mía"? Parte de este llamado tiene
que ver con la relación entre el Amado y la Novia. Otra parte
tiene que ver con la relación entre la Novia e Israel. Considere
el siguiente versículo de Salmos 102:13: "Te levantarás y ten-
drás misericordia de Sión, porque es tiempo de tener
misericordia de ella, porque el plazo ha llegado".

Hoy, ore por Israel y por su pueblo. Esta pequeña nación
está rodeada de enemigos cuyo objetivo es su destrucción.
Pero Dios tiene otro plan. Israel debe vivir y prepararse para
darle la bienvenida al Rey de reyes y Señor de señores. Es Dios
quien ha plantado *la higuera* y lo que Él hace es para siempre.

166

Día 69

Y las vides en cierne dieron olor.

Cantares 2:13

*S*i la higuera representa a Israel, *las vides* representan a los creyentes en *Mesías* (la Iglesia, la Novia, el Cuerpo). No sólo hay fruto en la higuera. También hay fruto en *la vid*.

Muchos versículos en la Biblia yuxtaponen a *la vid* y la higuera. Juntas simbolizan paz, abundancia, prosperidad y seguridad. Veamos algunos de estos versículos:

> Y Judá e Israel vivían seguros, cada uno debajo de su parra y debajo de su higuera, desde Dan hasta Beerseba, todos los días de Salomón.
>
> 1 Reyes 4:25

> En aquel día, dice Jehová de los ejércitos, cada uno de vosotros convidará a su compañero, debajo de su vid y debajo de su higuera.
>
> Zacarías 3:10

> Y se sentará cada uno debajo de su vid y debajo de su higuera, y no habrá quien los amedrente; porque la boca de Jehová de los ejércitos lo ha hablado.
>
> Miqueas 4:4

Un día, el pueblo de pacto de Dios, tanto Israel como la Iglesia, experimentarán lo que se dice en estos versículos. *La vid* y *la higuera* estarán juntas como una sola cosa en el Espíritu de Dios. Tenemos el mismo amor. Sólo hay un DIOS. Hay un solo Mesías. Él se llamó a Sí mismo *La Vid*.

En el *Tenach*, también se menciona a Israel como una *vid*, pero una *vid* mayor se encuentra en el Nuevo Pacto en la persona de *Yeshúa* de Nazaret quien se llama a Sí mismo *La Vid Verdadera*:

> Yo soy la vid verdadera, y mi Padre es el labrador. Todo pámpano que en mí no lleva fruto, lo quitará; y todo aquel que lleva fruto, lo limpiará, para que lleve más fruto (...) Permaneced en mí, y yo en vosotros. Como el pámpano no puede llevar fruto por sí mismo, si no permanece en la vid, así tampoco vosotros, si no permanecéis en mí. Yo soy la vid, vosotros los pámpanos; el que permanece en mí, y yo en él, éste lleva mucho fruto; porque separados de mí nada podéis hacer.
>
> Juan 15:1-2, 4-5

168

Juan 15 es uno de los capítulos más hermosos de toda la Escritura. El deseo del corazón de Dios por UNIÓN con nosotros es abrumador. Lo mismo que nuestro llamado de LLEVAR FRUTO.

Si *Yeshúa* es la *vid* y somos *las ramas*, entonces *el fruto de las ramas* es parte de *la vid*. Pienso en Juan 15 cada vez que alguien canta la bendición tradicional sobre el vino en los servicios de *shabbat*, *seders* de *Pésaj*, bodas, etc.: *"Baruch a-tah Adonai Eloheinu Melech HaOlam, Boray Pre' Hagafen"* (*Bendito seas, oh Señor nuestro Dios, Rey del universo, que produces el fruto de la vid*).

¿Qué es el fruto de *la vid*? No sólo uvas. Somos NOSOTROS; nuestra vida en *Yeshúa* mientras permanezcamos en *La Vid*. Es el fruto del Espíritu Santo en nosotros, Su amor, gozo, paz y más. *Él* produce el fruto. Nosotros no. Sin Él nada podemos hacer.

El Cuerpo de *Mesías* tiene uvas tiernas hoy. El fruto está brotando con fuerza. Los creyentes están comenzando a buscar al Señor para caminar más en santidad. El amor por el Señor está siendo encendido de nuevo. La pasión por las almas está comenzando a despertar. Y Dios nos está podando. ¡No rehuyamos esta parte necesaria del proceso de dar fruto! El amor poda.

Jamie Lash

La fragancia de *la vid* es un deleite para los sentidos. Recuerdo jugar cerca de una vid inmensa que crecía en el límite de nuestra propiedad cerca del garaje. Especialmente cuando las uvas estaban maduras, la fragancia era tan fuerte y dulce que todavía la recuerdo.

Nosotros, la Novia de *Mesías*, "Para Dios somos grato olor de Cristo en los que se salvan, y en los que se pierden" (2 Co 2:15).

Al Señor incluso le encanta como olemos, porque la fragancia del sacrificio de Su Hijo se adhiere a nosotros así como nosotros nos adherimos a *Yeshúa*. ¡Aleluya! Camine en ese conocimiento hoy.

Día 70

Levántate, oh amiga mía, hermosa mía, y ven.

Cantares 2:13

*E*l Novio repite Su llamado de Cantares 2:10 cuando llamó a Su Novia y le dijo que el invierno había terminado y que la primavera había venido. Era el tiempo para cantar canciones de amor y escucharlas de los labios del Amado. Había llegado un tiempo fructífero, así como un tiempo en el cual el Espíritu de Dios se estaba moviendo y la voz de *Mesías* había sido escuchada en la tierra.

Este no era el momento para descansar y estar satisfecho con el *status quo*. ¡Dios se estaba moviendo! ¡Ella debía levantarse y seguirlo!

¿Alguna vez ha pedido fuerza para soportar las bendiciones? Nosotros lo hemos hecho muchas veces. Hemos encontrado que con el privilegio viene responsabilidad. Con las promociones vienen yugos adicionales. Con la paternidad viene dolor. Con la prosperidad presión adicional. Con la elección viene la persecución. Muchos de nosotros nos podemos identificar con Tevye de *El violinista en el tejado* quien le dijo a Dios: "¿No podías haber escogido a alguien más para variar?".

El cambio no es popular con la gente. Siempre es enervante, y generalmente lo resistimos, especialmente el cambio en nosotros mismos. Pero el cambio es un hecho de la vida en el Reino de Dios. Para que una Novia esté preparada para *Yeshúa*, es necesario que haya cambios. Cuando nuestro Señor desea ver cambios en nosotros, Él nos llama que nos *levantemos*.

A menudo hemos experimentado la ambivalencia de regocijarnos en Su llamado y al mismo tiempo ser un poco reticentes para avanzar. Allí es donde entra la *fe*. Estoy segura que no fue

Jamie Lash

nada fácil para Abraham dejar su familia y el único hogar que conocía para aventurarse a lo desconocido. Él se levantó por fe. Hemos experimentado personalmente este tipo de cambio y paso de fe muchas veces desde que respondimos al llamado inicial de *Mesías* en 1973.

Yeshúa dijo: "Levántense", y dejamos casa y familia en Nueva York y nos mudamos a Florida. Él dijo: "Levántense", otra vez y dejamos la enseñanza para entrar al ministerio de tiempo completo. Otro *levántense* nos encontró dejando nuestra pequeña casa en la ciudad en Davie, Florida para mudarnos a una casa enorme en Ft. Lauderdale Beach, posiblemente nuestro paso de fe más grande que nunca. Este llamado en particular, aunque glorioso, incluyó perder nuestra privacidad y darles la bienvenida a sesenta y seis personas en nuestra casa para vivir con nosotros durante un periodo de once años.

171

En esos once años escuchamos *levántense* más de lo que queríamos escucharlo, mientras el Señor utilizaba la lija del Espíritu Santo para lijar muchos bordes disparejos (una práctica que todavía sigue llevando a cabo).

No escuchamos al Señor decir *levántense* en el *mayor cambio* de nuestra vida, cuando me embaracé por primera vez a los 38 años, pero esto también era parte del plan especial de Dios para nuestra vida. Sin embargo, hubo aun otro *levántense* cuando me embaracé de mi segundo hijo a los 41 años, y el Señor nos llamó de la casa de la playa a nuestro hogar actual en Plantation, Florida.

Algunas veces el *levántense* nos ha estrujado el corazón cuando hemos oído el llamado de viajar para ministrar en cierto lugar como pareja y dejar nuestros hijos en casa cuando todavía eran muy pequeños. ¡No parece que ellos hayan sufrido, pero nosotros sí! "¡Más fe, Señor! Tú dices que *el justo por fe vivirá*".

Todo nuestro ministerio dio un paso de fe cuando *Yeshúa* dijo *levántense* en diciembre de 1994 y nos mudamos de nuestro pequeño espacio del edificio de Temple Aron HaKodesh a nuestra propia oficina en Oakland Park Boulevard en Fort Lauderdale.

Ya necesitábamos mudarnos desde muchos meses atrás ya

que no había suficiente espacio ni siquiera para movernos en la antigua oficina. Pero Neil se esperó hasta que escuchó al Señor decir: "Levántate y ven". En su Palabra, salimos. Y ahora, en nuestras nuevas instalaciones, estamos viendo el fruto de obediencia y fe. Hay una reunión gloriosa que está sucediendo delante de nuestros ojos. La *vid* y la *higuera* están ambas floreciendo. Está surgiendo una visión de lo que debe ser: "Uno en *Mesías*". ¡Gloria a Dios!

Posiblemente Dios lo está llamando a *levantarse*. El cambio está en el horizonte. No tema. Confíe en Su dirección. Tenga fe en Aquel que es maravillosamente fiel. Ore. Espere en Él. Cuando sienta Su dirección, tome un paso de fe. ¡Levántese!

¡Dios se va a agradar!

Día 71

Paloma mía, que estás en los agujeros de la peña,
en lo escondido de escarpados parajes.

Cantares 2:14

Nuestro Señor nos confirma y nos alaba al escuchar Su llamado de levantarnos. El término de cariño que utiliza aquí para Su amada es *paloma Mía, yonati*, en hebreo. La sulamita es llamada la *paloma* de Salomón antes de ser llamada su *esposa*. Él se deleita en que detecta la presencia de Su Espíritu en ella. Su posición en Él también deleita Su corazón. ¿Dónde está ella? Escondida *en los agujeros de la peña*. ¡Allí es donde ella debería estar! Aquí es donde las palomas hacen su nido.

Los seres humanos fuimos hechos para escondernos en Dios. Esta es nuestra posición de seguridad, reposo e intimidad. Es desde esta posición que nos levantamos para hacer proezas en *Yeshúa*. Siempre he amado Colosenses 3:3, ya que explica sucintamente nuestra posición en *Mesías*: "Porque habéis muerto, y vuestra vida está escondida con Mesías en Dios". Sin embargo, nunca me había dado cuenta hasta hoy, que este versículo en Colosenses sigue a dos versículos que tratan acerca de *levantarse*. Aquí están: "Si, pues, habéis resucitado con Cristo [Mesías], buscad las cosas de arriba, donde está Cristo [Mesías] sentado a la diestra de Dios. Poned la mira en las cosas de arriba, no en las de la tierra". Somos capaces de esconder nuestra vida en Dios porque nuestra vida verdadera es nuestra vida *nueva* en *Yeshúa*. Hemos sido resucitados con Él. Moramos "bajo la sombra del Omnipotente" (vea Sal 91:1).

Además, somos una Novia que fue tomada del costado de *la Peña* (nuestro Mesías crucificado) así como Eva fue tomada del costado de Adán. ¿Cómo es *Yeshúa* una *peña*? Primero que nada Él es nuestra Roca, la misma Roca que seguía a los hijos de Israel en el desierto, identificada como *Mesías* en 1 Corintios 10:4. ¿Cuándo fue partida la Roca? Cuando *Yeshúa* murió, un soldado romano traspasó Su costado con una lanza y salió sangre y agua. Del costado herido de *Yeshúa*, Dios el Padre sacó una Novia. Esa Novia somos cada uno de nosotros cuando somos restaurados a Dios por fe en el sacrificio de expiación de *Mesías*. Entonces, somos traídos de vuelta bajo el brazo de nuestro Señor, cerca de Su corazón, refugiados y protegidos.

Dios como la *Roca* ha inspirado canciones a través de los siglos. *Maoz Tzur* (Roca de la eternidad) es una famosa canción judía que se suele cantar en *Hanukkah* la cual exalta a Dios y Su poder salvador. *Roca de la eternidad* es un himno cristiano famoso el cual, muy seguramente obtuvo su inspiración del Cantar de los Cantares. Empieza así:

> Roca de la eternidad, fuiste abierta para mí.
> Sé mi escondedero fiel, sólo encuentro paz en Ti
> Rico limpio manantial, en el cual lavado fui.

Esas son palabras poderosas, un clamor del corazón de alguien que le pertenece al Rey y anhela permanecer en Él.

¿Cuáles son los lugares *escondidos de escarpados parajes?* Un paraje escarpado tiene forma de escalinata. Las escalinatas ascienden. Ascendemos sobre las rocas escarpadas. Los *parajes escarpados* hablan de acceso, de acercarnos. Estos lugares en la *Roca* de los que habla este versículo, son más altos que la tierra, donde las águilas vuelan, donde las palomas hacen su nido, como los lugares celestiales de los que habla Efesios 2:6. Estamos *sentados en lugares celestiales en Mesías* y aun así, hay una progresión de crecimiento y madurez en *Yeshúa* que nos lleva a subir más alto.

Un excelente comentario del Cantar de los Cantares escrito por Wade E. Taylor se llama *The Secret of the Stairs (El secreto de las escaleras)*. En su libro, el Dr. Taylor señala que hay dos partes para una escalera: la parte vertical (lo que levanta) y luego, una plataforma. En el plano espiritual, la parte vertical representa la revelación. Dios a través de Su Espíritu habla a nuestro corazón, nos besa y nos muestra una nueva verdad acerca de Sí mismo, acerca de Su Palabra o acerca de Su Reino. La plataforma es cuando nos apropiamos de lo que Dios nos ha mostrado y permitimos que la Palabra se haga carne en nuestra vida. Así es como crecemos en el Señor y ascendemos a lo más alto y lo mejor que Él tiene para nosotros, dando un paso a la vez.

Cuando Dios le dé una revelación, es sabio meditarla en su corazón hasta que se convierta en parte de su experiencia, hasta que haya caminado en ella. Entonces, y sólo entonces, ministrará vida a los demás.

¡Dios tiene tanto para cada uno de nosotros! Somos Su *paloma*. Él es nuestro escondedero. La Roca es nuestro lugar de refugio y revelación donde podemos tener paz en medio de la tormenta, libertad del temor y confianza en el día de la tribulación.

La vida escondida en Él es una posición de poder desde la cual podemos proclamar con denuedo: "Él solamente es mi roca y mi salvación; es mi refugio, no resbalaré mucho" (Sal 62:2).

Día 72

Muéstrame tu rostro, hazme oír tu voz;
porque dulce es la voz tuya, y hermoso tu aspecto.
Cantares 2:14

El Novio ahora expresa Su deseo de ver el rostro de Su amada paloma y escuchar su voz. Le dice que su rostro es *hermoso* y su voz *dulce*. Él busca una relación cara a cara con ella. Esta es una respuesta a su clamor en Cantares 1:2. Él desea besarla tanto (o más) que lo que ella desea ser besada.

El orden en este versículo es significativo para mí. Nuestro Novio Celestial quiere vernos y después *escucharnos*. Esto habla acerca de esperar en el Señor en oración y tener comunión con Él pasando tiempo en Su presencia. Si a usted se le diera el privilegio de tener una audiencia con un rey terrenal, usted no entraría a sus cámaras y comenzaría a hablar de inmediato. Usted esperaría hasta que fuera el momento propicio para hablar. Habría un sentido de respeto y asombro por sólo estar en la presencia del rey. Así es como debería ser en nuestra relación con el Rey de reyes. Nuestro tiempo con Él debe incluir mucho escuchar y silencio. Así es como aprendí a distinguir la voz del Señor de las demás voces a mi alrededor.

Al principio de mi caminar con el Señor hubo un tiempo en el que comenzaba mi tiempo privado con Él escuchando canciones de alabanza y adoración. Meditaba en las letras y pensaba en el carácter del Señor. Entonces leía la Biblia un rato, y meditaba cuidadosamente en las palabras, lentamente, en bocados. De esta manera le di al *Ruach Ha Kodesh* tiempo y oportunidad para revelarme verdad. Algunas veces lloraba. Algunas veces reía de gozo. Muchas veces levantaba mi rostro al Señor y simplemente lo adoraba por quien es Él. Todo esto lo hacía sin utilizar muchas palabras. Mi corazón y mi espíritu estaban teniendo comunión con el Santo.

Nuestro aspecto es *hermoso* (precioso) para el Señor sin importar lo que le parezca a nadie más, incluyéndonos a nosotros mismos. Salmos 34:5 dice que cuando vemos al Señor ¡nuestro rostro es alumbrado! Otro versículo de los Salmos que ha significado mucho para mí a través de los años, porque habla de Dios como nuestra salud o la ayuda de nuestro aspecto, se encuentra en Salmos 42 y 43, como podemos leer: "¿Por qué te abates, oh alma mía, y por qué te turbas dentro de mí? Espera en Dios; porque aún he de alabarle, salvación mía y Dios mío" [Nota del traductor: en inglés la Biblia hace referencia a *la salud en lugar de salvación*]. Es interesante notar que *salud* o *ayuda* [*salvación*, en Reina-Valera] en estos dos salmos, es en realidad la palabra *yeshua* en hebreo. Literalmente, Dios es la salvación o la liberación de nuestra vida.

Cuando Neil fue atacado con una terrible y profunda infección de hongos en su cara en 1995, le recordé al Señor este versículo y clamé liberación por mi marido. Nuestros fieles intercesores *Prayer Roses* (Rosas de oración) también oraron por él y el Señor lo sanó. Verdaderamente el Señor es nuestra salvación, ¡incluso la salvación de nuestra cara!

Cuando levantamos nuestro rostro a Él, Él hace brillar Su rostro sobre nosotros y nos concede Su paz (Nm 6:26).

Una vez que hayamos mirado la belleza de nuestro Señor, nos hayamos solazado en Su presencia y simplemente hayamos esperado en Él, entonces es el tiempo de hablar. ¿Qué le dice uno a un Rey? Uno expresa lo que siente en el corazón. He encontrado que en este punto, *Yeshúa* se deleita simplemente de que usted esté con Él. Él ya conoce sus pensamientos, sus necesidades, sus deseos. No olvide el arrepentimiento y la confesión de pecados. Esto nos asegura un canal abierto de comunicación con el Señor. Usted puede decirle todo y Él ve todavía más allá de todo eso. ¡Él es tan maravilloso!

La dulzura de nuestra voz a los oídos de nuestro Señor se puede comparar con el deleite de un padre y el "sonido como de bebé" de la voz de su hijo. Neil y yo incluso grabamos las voces de Jonathan y de Jesse porque sabíamos que el dulce sonido de sus voces duraría poco. Expresiones como: "Muneco", "Tu lugad", "Ashiass", "Pod favod" y "Eliz pumplianos" eran preciosas para nosotros. Nuestro corazón se derretía cuando nuestros hijos decían: "Te queio, papito" o "Queio a m'mamá" (la primera frase de Jesse). No se necesitaba mucho para agradarnos. Y no se necesita mucho para agradar al Señor.

Él simplemente ama ver su rostro y escuchar su voz cuando usted se toma el tiempo de estar con Él.

Día 73

Cazadnos las zorras, las zorras pequeñas,
que echan a perder las viñas.

Cantares 2:15

*E*ntre más nos acerquemos a nuestro Mesías, más noto-
rios y evidentes se vuelven nuestros pecados. Es en la
presencia del Espíritu de Dios como paloma, que percibimos
las zorras pequeñas. La yuxtaposición aquí de *palomas* (v. 14) y
zorras (v. 15) es interesante. No puedo pensar en un mejor par
de opuestos. Sabemos que la *paloma* simboliza al *Ruach Ha
Kodesh* y a la Novia de *Mesías* que tiene Su Espíritu morando
dentro. ¿Qué tiene ella que hacer con las *zorras?* ¡Hacerles
guerra!

Las zorras no se van cuando recibimos a *Yeshúa* como
nuestro Mesías, en una manera muy semejante a los amonitas,
cananeos, etc., que no se fueron cuando Dios trajo a los hijos
de Israel a la tierra prometida.

> "Y si no echareis a los moradores del país de
> delante de vosotros, sucederá que los que dejareis
> de ellos serán por aguijones en vuestros ojos y por
> espinas en vuestros costados, y os afligirán sobre la
> tierra en que vosotros habitareis".

Números 33:55

Estas fueron las palabras del Señor a Moisés, pero podrían
fácilmente ser las palabras del Señor a nosotros con respecto a
las zorras pequeñas. Dios nos da el poder de derrotarlas y es
glorificado cuando lo hacemos.

El Novio está animando a la Novia a que se una a Él en la
guerra contra *las zorras pequeñas.* Él está diciendo, en esencia:

"Ocupémonos de esos pequeños problemas que son potencialmente muy peligrosos". Antes de que consideremos cuáles podrían ser estos problemas, observemos a la *zorra* por un momento.

La *zorra* es un animal astuto, rápido y destructivo. Las *zorras* eran muy comunes en la tierra de Israel en la época de *Yeshúa*. Particularmente les gustaban mucho las uvas y podrían entrar a hurtadillas a un viñedo y destruir toda la cosecha. En Lucas 13:32 Jesús llama a Herodes *una zorra*. *Las zorras* simbólicamente son los enemigos de Dios y de Su pueblo.

En el Cantar, *las zorras pequeñas* representan los pecados pequeños en nuestra vida. Son vestigios de la vida egoísta antigua. Son obstáculos a nuestro crecimiento espiritual, y debemos hacer algo al respecto. El llamado de *Yeshúa*: "Cazadnos las zorras" o "Captúrennos las zorras" es similar al ruego del Señor en Isaías 1:18: "Venid luego y estemos a cuenta". Ambos se refieren al pecado. Debemos arreglar el asunto del pecado si es que vamos a seguir adelante con el Señor.

Hay tres categorías de *zorras pequeñas:*

(1) El mal que pensamos (pecados del corazón). Estos son pecados secretos en su mayoría. En este grupo se incluyen actitudes como orgullo, amargura, rencor, celos, ira, tibieza, lujuria, ser defensivo y el afán.

(2) El mal que decimos (pecados de los labios). Una lengua rebelde es el problema de la mentira, crítica, chisme, calumnia, menosprecio y queja.

(3) El mal que hacemos (pecados de la conducta). En nuestra vida son manifiestas acciones egocéntricas. Somos groseros, egoístas, flojos, autocomplacientes, infieles, rebeldes, manipuladores y controladores.

Las *zorras pequeñas* no permanecen pequeñas por mucho tiempo. Si usted las alimenta, crecerán. Si les soba el lomo se quedarán. Si usted acaricia la *zorra pequeña* por sentir pena de sí mismo, puede crecer en un horrible espíritu de autocompasión. Una pequeña exageración por allí, puede desarrollarse en un espíritu de mentira completamente maduro. ¡Las *zorras pequeñas* son un asunto serio!

En la década de los ochenta, de camino a un seminario

sobre liberación, el Señor me dio un *beso* en Salmos 97:10: "Los que amáis a Jehová, aborreced el mal". Yo sabía que el Señor me estaba hablando acerca de mi actitud hacia el pecado y la iniquidad. Él me estaba diciendo que yo era demasiado tolerante, demasiado abierta, que aceptaba demasiado el pecado. Esto incluía pecado en mí, así como pecado en las personas a mí alrededor. Él me mostró que hasta que no llegara a *odiar* el pecado, no podría ser liberada de él. Así que debemos preguntarnos: "¿Odio mi autosuficiencia, mi enojo, mi orgullo, mi espíritu criticón, mi falta de atención, mi lengua indomable lo suficiente como para ser liberado de ello?". Debemos hacer guerra, ser violentos y determinados al respecto de las *zorras pequeñas*.

Primero que nada, debemos reconocerlas por lo que son. Pídale al Espíritu Santo que le revele cualquier *zorra pequeña* en su vida. O si usted es muy valiente, pídale a su cónyuge, hijos, padres u otras personas cercanas a usted. Decida arreglar cuentas con las *zorras pequeñas* con la ayuda de Dios. Decláreles la guerra. ¡No las alimente ni las acaricie! ¡Ódielas! ¡Mátelas de hambre! El ayuno es una buena arma que se puede usar en la guerra contra las *zorras pequeñas*. Alimente el espíritu, niéguese a la carne, confiese su pecado y use *la espada* (la Palabra de Dios) para degollar a las *zorras pequeñas*. Recuerde 1 Juan 1:9 mientras hace de limpiar espiritualmente su casa una prioridad: "Si confesamos nuestros pecados, él es fiel y justo para perdonar nuestros pecados, y limpiarnos de toda maldad". ¡*Mesías* le dará la victoria sobre las *zorras pequeñas!*

Día 74

Porque nuestras viñas están en cierne.

Cantares 2:15

La promesa de llevar fruto es proclamada en el versículo 15. La Novia de *Yeshúa* fue escogida para llevar fruto dulce, apetitoso, permanente. Las *zorras pequeñas* roban fruta. Así como un poco de levadura leuda toda la masa, una *zorra pequeña* puede arruinar toda una vid. Las *zorras pequeñas* se escurren sin ser notadas y destruyen las viñas en cierne. El fruto es "cortado en botón" antes de que siquiera pueda surgir en toda su madurez y belleza como Dios quería.

Nuestro enemigo, Satanás, está interesado en detenernos en la primavera de nuestro amor y de nuestra decisión por seguir a *Mesías*. Su meta es *robar y destruir*. Él a menudo hace esto a través del engaño. Él nos ayuda a racionalizar nuestro pecado ("Es que así fui hecho como persona"), ponerle una etiqueta equivocada a nuestro pecado ("Tengo problemas con gente como esa"), aligerar nuestro pecado ("El Señor entiende mis debilidades en esa área"), y a no estar consciente de ello completamente ("¿Un chismoso? ¿Yo?"). Necesitamos pedirle sabiduría al Señor y discernimiento. Necesitamos siempre conocer la verdad. *Yeshúa* es la Verdad. Él nos va a mostrar el camino.

Las *viñas en cierne* me traen a la mente dos grupos de personas en el Reino. Los nuevos creyentes y los niños. Los dos grupos están particularmente en la mira de Satanás. Si él los puede detener al principio de su vida en el Señor, ha ganado una gran victoria. Recuerdo el tiempo en el que el enemigo vino en contra de los niños judíos en un intento por cortar a la nación judía en botón (antes de que el fruto, *Yeshúa*, brotara). Esto ocurrió en el tiempo en el que el faraón egipcio estaba preocupado por el florecimiento de la *vid* hebrea en su tierra. Ordenó que todos los bebés hebreos varones fueran echados al río. Como usted recordará, uno de los bebés hebreos, Moisés, fue salvado por la hija de faraón y fue criado en el palacio del rey.

En la *Midrash* (escritos rabínicos acerca de la interpretación de los textos bíblicos) hay una historia acerca de muchos otros bebés que no se salvaron. De acuerdo con este cuento, las mujeres judías, para evitar el cruel decreto de faraón, escondían a sus hijos en sótanos. Los malvados egipcios llevaban a sus propios hijos a las casas de los hebreos y los pinchaban para hacerlos llorar. Como respuesta a esos llantos, los bebés judíos comenzaban a llorar y se descubrían sus escondites, lo cual terminaba en que los bebés eran echados al río. En este caso, las *zorras pequeñas* egipcias eran utilizadas para ayudar a *echar a perder* los tiernos retoños de los hebreos.

Los niños siguen siendo el objetivo del enemigo hoy en día. Mientras que todavía son jóvenes, tiernos y fáciles de impresionar, el maligno busca envenenar sus pequeñas mentes, especialmente a través de la televisión y los medios de comunicación. "Es sólo una caricatura, mamá"; "No es real"; "No es tan violento"; y "Nosotros no le vamos a hacer eso a nadie", son algunas de las declaraciones que nuestros hijos nos han hecho en favor de la televisión. Mientras que su tiempo de ver televisión es muy limitado, todavía estamos preocupados por su exposición a valores que son drásticamente diferentes de los nuestros. Continuamente estamos pidiéndole ayuda al Señor para ser atalayas y ayos de *Sus viñas*. Le pedimos sabiduría y discernimiento en alimentar, cultivar y podar para que el fruto brote en su vida.

En una manera muy similar, los nuevos creyentes, como niños pequeños, necesitan cuidado vigilante. Se ha dicho que las primeras cuarenta y ocho horas son las más cruciales. El enemigo va a intentar penetrar y decirle a un nuevo creyente en *Yeshúa:* "En realidad nada sucedió cuando oraste esa oración", o "Todo es falso", o "Dios nunca te va a aceptar. No eres lo suficientemente bueno". El seguimiento es muy importante en esos casos. Así como el discipulado. Los pequeños necesitan ser alimentados. El fruto debe ser guardado.

En los tiempos de *Yeshúa*, se construían torres de vigilancia en cierto punto muy notorio en un viñedo. La altura de la torre les daba la capacidad a los vigilantes de supervisar todo el viñedo para evitar que los enemigos robaran el fruto, especialmente *las zorras*. Aquellos de nosotros que estamos "un poco más arriba" (más viejos) en el Reino tenemos la responsabilidad de vigilar a los pequeños.

"Señor, por favor danos la gracia, la fuerza, la sabiduría, la habilidad y la unción para cuidar a los pequeños que nos envíes".

Día 75

Mi amado es mío, y yo suya.

Cantares 2:16

La sulamita responde a su Amado con la primera de tres confesiones acerca de su relación que ocurren en el Cantar. Ella dice en hebreo: *Dodi li va-ani lo (Mi amado es mío, y yo suya).* Esta es la confesión sin reservas de alguien que ha encontrado lo que él o ella ha estado buscando toda su vida. Finalmente lo han encontrado y tienen la intención de quedarse con ello. *Ello* (Él) es su posesión. También, aquí, hay cierto sentido como de un niño de dos años que llega a casa de la juguetería cargando una bolsa con un juguete nuevo en ella. Su emoción emana de todo su cuerpo. Si usted le pide la bolsa, normalmente rápido dirá: "¡Es *mía!*".

En esta forma, *Yeshúa* le pertenece a los creyentes jóvenes o a los creyentes mayores que apenas están entrando en una experiencia de *primer amor* real con Él. Llamamos a esta etapa: "Mi primer amor". La novia inevitablemente llegará a "Su primer amor" y finalmente progresará a "Nuestro primer amor". Pero por ahora, lo que *Él* es para ella es lo más importante en la mente de la sulamita.

> Él es su expiación por el pecado.
> Él es su nueva vida.
> Él es su perdón.
> Él es su aceptación total; a quien ella pertenece.
> Él es su plenitud como persona.
> Él es su amor, gozo y paz.
> Él es suyo.

Aunque algo inmadura y enfocada en el yo, esta confesión

hace que nuestro Padre Celestial sonría. Él simplemente ama la entrega total de uno que lo reclama a él como suyo o suya. A menudo sentimos ganas de encerrar a los creyentes que no pueden dejar de hablar acerca de *Yeshúa* hasta que se les pase su luna de miel y se calmen un poco. ¡Qué mal estaría eso! Necesitamos su fervor y su emoción por el Señor. Es un viento fresco que sopla a través del Cuerpo de *Mesías*. El primer amor es muy especial.

Yo recuerdo mis días de enseñanza preescolar después de haber recibido a *Yeshúa*. Era una maravilla que los otros maestros y el resto del personal me toleraran. Estaba en un ambiente bastante secular, pero llena del gozo del Señor. Le daba la gloria a Dios por todo: los trabajos de arte que desarrollaba, los experimentos científicos y las actividades de cocina, una huerta floreciente de verduras en los terrenos de la escuela, etcétera. No tenía permiso de "predicar", pero si imponía mis manos sobre algunos niños y oraba por ellos para que cuando crecieran fueran siervos del Señor. Me aseguré que todos mis estudiantes y sus padres supieran quién era mi Amado.

En una escuela, fui llamada a la dirección y se me dijo que debía tener mucho cuidado en usar el nombre de Jesús porque muchos de mis estudiantes eran judíos y eso podría causar problemas. Así que en lugar de Jesús decía *Dios* o "Ustedes ya saben Quien", ¡y siempre sabían! Nunca voy a olvidar el día que llevé a mis alumnos de jardín de niños al salón comedor, y, antes de salir, me voltee hacia ellos y les dije: "Bueno, espero que todos se porten bien. Yo no voy a estar aquí con ustedes, pero Alguien *siempre* los esta viendo". Inmediatamente una de mis más preciosas niñas judías gritó en alta voz de manera que todos en la cafetería la escucharon: "¡Maestra, yo sé quién es! ¡Es Jeeee-sús!". Sonreí, me sonrojé y rápidamente salí del salón comedor.

Cuando *Yeshúa* es *nuestro* generalmente queremos que también sea de todos los demás. En nuestro celo por compartir de Él, mi esposo y yo llevamos, por lo menos, a treinta personas al Señor en el primer año después que le recibimos. La mayoría de ellos no están caminando con Él hoy. Teníamos pasión, pero nada de paciencia y casi la misma cantidad de sabiduría. Yo hacía cosas como prometerle a *Yeshúa* cuatro almas para Su cumpleaños y hacía todo lo que podía para cumplir mi promesa.

En mis diarios de esos primeros años he encontrado un primer entendimiento de la segunda parte del versículo 16: "Y yo suya". Pertenecer a *Yeshúa* significa que ya no nos pertenecemos a nosotros mismos. Está es una transición grande qué hacer para la mayoría de nosotros. El 11 de diciembre de 1974, escribí. "Jesús está trabajando conmigo en el dar. No debo retener nada para mí. Me las arreglo para darlo todo".

¡Gracias a Dios que Él nos ama a pesar de nuestros caminos necios, infantiles y egoístas! Qué milagro es poder reclamar al Rey de gloria como nuestro. Le amamos, y Él nos ama. Tenemos la dulce seguridad de que le pertenecemos. Permita que esta verdad bendiga y consuele su corazón hoy.

Día 76

Él apacienta entre lirios.

Cantares 2:16

El capítulo 2 termina con una imagen de *Mesías* como Pastor en compañía de Sus ovejas, tan puras de corazón que parecen lirios. La palabra hebrea para *apacienta*, en el versículo 16, es la raíz *ra-ah*, que significa *atender un rebaño o llevarlo a pastar*. También incluye la idea de *amistad*. En el capítulo 1 la sulamita le preguntó a su Amado dónde apacentaba Sus rebaños. Comenzamos el capítulo 2 con la sulamita llamándose a sí misma *el lirio de los valles* y el Novio la llama *un lirio entre los espinos*. La imagen ya la vemos más enfocada. Se puede encontrar al Novio entre Sus amigos las *almas-lirio*. Las palabras de *Yeshúa*, como se encuentran en Juan 15:15, se aplican aquí: "Ya no os llamaré siervos, porque el siervo no sabe lo que hace su señor; pero os he llamado amigos, porque todas las cosas que oí de mi Padre, os las he dado a conocer". En este punto, se ha alcanzado un grado de intimidad, un amor recíproco, un compartir mutuo que indica un paso hacia arriba en la escalinata de la relación entre novios.

Algunos comentaristas judíos ortodoxos traducen *lirios (shoshanim)* como *rosas*. Dicen que Dios hizo reposar Su *shekinah* sobre Moisés, Aarón y los setenta ancianos, quienes en la fragancia de sus acciones son comparados a *rosas*. Las *rosas*, en un sentido más general representan a todos los que son "justos". Dios en realidad hace descansar Su *Shekinah* sobre los justos hoy. ¿Quiénes son los justos? Los *lirios* (o *rosas*) son los justos. El Amado nos hizo de esa forma: "Porque así como por la desobediencia de un hombre los muchos fueron constituidos pecadores, así también por la obediencia de uno, los muchos serán constituidos justos" (Ro 5:19).

El Señor trajo a mi atención el otro día un ejemplo hermoso de *Yeshúa* apacentando entre lirios. Era el Día Nacional de la Oración. Había estado meditando en los *lirios* durante todo el día. Esa noche, al escuchar la radio en nuestro automóvil de camino a la tienda de abarrotes, el Señor me dio un beso de Cantares 2:16. Sintonicé un "Concierto de Oración" en *Moody Bible Church* en Chicago, Illinois. Fue un servicio de tres horas en el que líderes cristianos de muchas denominaciones y nacionalidades a lo largo del país se juntaron para orar por nuestro país. La presencia del Señor entre Su pueblo se podía sentir por las ondas radiales. La unidad del Espíritu seguramente fue un gozo para el corazón del Padre. Los creyentes reunidos en la iglesia Moody eran *lirios*. El Buen Pastor, *Yeshúa*, el Mesías, estaba en medio de ellos atendiendo a Su rebaño.

Además, "sucedió" que comencé a escuchar el programa justo antes de que Joni Erickson Tada fuera invitada a orar. Ella oró directamente del libro de Cantares, citando muchos de los versículos que yo había estado leyendo mientras oraba. ¿Cómo es que el Señor hace esto? Ayer, después de escribir sobre las *zorras*, corrí para recoger a Jesse de la escuela para llevarlo a su clase de piano. Pusimos a tocar su casete de la clase de música en el automóvil y salió una canción que nunca habíamos escuchado antes. Se llamaba "Little Foxes" (zorras pequeñas). ¡Es obvio que Dios está en *todo*!

Y lo veo de una manera hermosa entre Su pueblo. A través de los años (desde 1973), Neil y yo hemos tenido el privilegio de asistir o ministrar en iglesias de muchas denominaciones diferentes. También hemos hablado en grupos de hogar y comunidades de todo tipo. Ha sido nuestro gran gozo ver la unidad en el Señor con creyentes que aman a Yeshúa con todo su corazón. Las diferencias en nuestra teología no han interferido en lo más mínimo con nuestra unidad en *Mesías*. El amor ha sido el lazo. Desde la iglesia de las Asambleas de Dios en nuestros comienzos hasta nuestra sinagoga mesiánica, incluyendo varios grupos en Ecuador e Israel, además de bautistas, metodistas, luteranos, episcopales, pentecostales negros, presbiterianos, discípulos de Cristo, menonitas y muchas comunidades interdenominacionales en este país, con todos nos hemos sentido *en casa*, el pueblo de Dios.

"Porque donde están dos o tres congregados en mi nombre, allí estoy yo en medio de ellos" (Mt 18:20). Él *apacienta entre lirios*. Tenemos la promesa de Su presencia. Reunámonos con otros que tengan el mismo amor y démosle a nuestro Pastor un gran abrazo colectivo. Podemos deleitar Su corazón. Podemos satisfacerle.

Día 77

Hasta que apunte el día, y huyan las sombras, vuélvete, amado mío;
sé semejante al corzo, o como el cervatillo sobre los montes de Beter.

Cantares 2:17

"¡Todavía no, Señor!" Satisfecha con la bondad del Señor y disfrutando el hecho de que su Amado es suyo, la Novia ha perdido el objetivo. Ella es llamada a seguir, no a guiar. No le podemos decir al Señor qué hacer. *Él* es Señor. Él llama a Su Novia que se *levante*. Si fallamos en obedecer, nos vamos a perder lo mejor de Él para nosotros. También nos vamos a perder de la conciencia de Su presencia.

Este es uno de los versículos del Cantar que ha provocado mucha discusión. La única parte *clara* del versículo es la idea de *separación* o división. (*Bether* en hebreo significa *separación* o *división*.) Parece haber una separación entre la Novia y el Amado. El Amado posiblemente se escondió. ¿Dios hace eso? Sí, de acuerdo con las Sagradas Escrituras. Sofonías 3:17 nos dice que Él "callará de amor". Isaías 8:17 dice: "Esperaré, pues, a Jehová, el cual escondió su rostro de la casa de Jacob, y en él confiaré".

La separación es parte de nuestro crecimiento en el Amado. Aunque es cierto que Él nunca nos deja ni nos desampara (He 13:5), hay momentos en los que el Señor deliberadamente retira el sentimiento de Su presencia de nosotros. Él quiere ayudarnos a salir de nuestra vida egoísta y entrar en Su vida. Él no está enojado con nosotros, y no nos ha dejado. En Su amor nos está enseñando y corrigiendo.

Algunas veces provocamos separación entre nosotros mismos y el Amado. ¿Alguna vez ha dicho: "¿Luego, Señor?" Yo sí. La sulamita le dice al Amado que espere hasta la mañana, que entonces le va a seguir. Pero Él la está llamando a que vaya *ahora*. Conforme a Su tiempo, el día ya comenzó (en el calendario hebreo el día comienza al anochecer). Qué difícil es para nosotros aprender que los caminos de Dios no son nuestros caminos. ¡Sus caminos siempre son mucho más altos y mejores!

Yo soy particularmente culpable de decirle al Señor, "Todavía no", especialmente en las horas de la madrugada. Admiro grandemente a aquellos que se levantan antes del amanecer para encontrarse con el Amado. ¡Cuánto debe Él amarles y apreciarles! Me asombra que el Señor tiene tanta gracia para conmigo y se encuentra conmigo cuando ya amaneció. Aunque seamos infieles, Él permanece fiel.

Hay otra forma de ver este versículo final del capítulo 2. Podemos distinguir algo del corazón de la sulamita, llamando al Amado a que salte sobre cualquier separación en su unión, y que vuelva a ella rápidamente. Hasta ese día glorioso y eterno, cuando ya no veremos oscuramente como a través de un espejo, sino que veremos a nuestro Amado cara a cara, y le conoceremos como Él nos conoce (1 Co 13:12), necesitamos que Su luz alumbre nuestro camino, así como la sulamita necesitaba a Shlomo (Salomón).

Nuestro Amado tiene un pacto con nosotros. Él es nuestro por siempre. Podemos confiar en Él. La palabra hebrea *bether* en este versículo es la misma palabra utilizada en Génesis 15:10 para referirse a un pacto sagrado. El Señor le dijo a Abraham que partiera los animales en dos y arreglara las mitades en cierta manera como preparación para un pacto que Dios estaba a punto de hacer.

Nuestro Dios es el Dios que guarda el pacto. Nuestro Novio Rey, *Yeshúa* el Mesías, hizo un Nuevo Pacto con nosotros a través de Su propia sangre. Todo lo que Él tiene es nuestro. Nada en este mundo puede separarnos de Su amor. Reciba esta verdad de Romanos 8:38-39 como su beso de hoy, atesórela y repítasela con frecuencia hasta que su Novio Celestial vuelva por usted:

"Por lo cual estoy seguro de que ni la muerte, ni la vida, ni ángeles, ni principados, ni potestades, ni lo presente, ni lo por venir, ni lo alto, ni lo profundo, ni ninguna otra cosa creada nos podrá separar del amor de Dios, que es en *Mesías Yeshúa* Señor nuestro".

Bibliografía

Bloch, Ariel y Chana. *The Song of Songs (El Cantar de los Cantares).* (Nueva York, N.Y.: Random House, Inc., 1995).

Burrowes, George. *The Song of Songs (El Cantar de los Cantares).* (Carlisle, Pennsylvania: The Banner of Truth Trust, 1977). [Primera edición en 1853]

Cohen, Rev. Dr. A., Editor *The Five Megilloth (Los cinco meguilot).* [The Soncino Books of the Bible (Los libros Soncino de la Biblia)] (Londres: The Soncino Press, 1977).

Fruchtenbaum, Arnold G. *Biblical Lovemaking (Haciendo el amor bíblicamente).* (San Antonio, Texas: Ariel Press, 1983)

Gordis, Robert. *The Song of Songs (El Cantar de los Cantares).* (Nueva York, N.Y.: The Jewish Theological Seminary of America, 1954).

Guyon, Madame. *The Song of Songs (El Cantar de los Cantares).* (Augusta, Maine: Christian Books Publishing House, 1984).

Heydt, Henry. *The King of Kings in The Song of Songs (El Rey de reyes en el Cantar de los Cantares).*(Orangeburg, N.Y.: American Board of Missions to the Jews, 1979).

MacIlravy, Cora Harris. *Christ and His Bride (Cristo y Su Novia).* Ashville, N.C.: Elbethel, A Christian Fellowship, 1916)

Nee, Watchman. *Song of Songs (Cantar de los Cantares).* (Fort Washington, Pennsylvania: Christian Literature Crusade, 1965).

Penn-Lewis, Jessie. *The Hidden Ones (Los que están escondidos).* (Bournemouth, Hants, England: The Overcomer Book Room, 1951).

Scherman, Rabbi N., y Zlotowitz, Rabbi Meir, Editors. *Shir ha Shirim.* [The Art Scroll Tanach Series (La serie de rollos ilustrados del Antiguo testamento)] (Brooklyn, N.Y.: Mesorah Publications, ltd. 1977).

Shaw, Gwen. *Song of Love (Canción de amor).* (Jasper, Arkansas: Endtime Handmaidens, 1974).

Schlink, Basilea. *My All For Him (Mi todo para Él).* (Minneapolis, Minnesota: Bethany House Publishers, 1971).

Swenson, Allan A. *Plants of the Bible and How to Grow Them* (Plantas de la Biblia y cómo plantarlas). (New York, N.Y.: Carol Publishing Group, 1994).

Jamie Lash

sTaylor, J, Hudson. *Union and Communion (Unión y comunión).* (Minneapolis, Minnesota: Bethany Fellowship, Inc.).

Taylor, Wade E. *The Secret of the Stairs (El secreto de las escaleras).* (Salisbury Center, N.Y.: Pinecrest Bible Training Center Publications, 1976).

Varner, Rev. Kelley H. *Principles of Present Truth from Ecclesiastes and Song of Solomon (Principios de patente verdad de Eclesiastés y Cantar de los Cantares).* (Richlands, North Carolina: Praise Tabernacle Ministries, 1992).

Weiner, Bob y Rose. *Bible Studies for the Preparation of the Bride (Estudios bíblicos para preparar a la Novia).* (Gainesville, Fl.: Maranatha Publications, 1980).

Wittich, Philip. *An Exposition of the Song of Solomon, Vol. 1 (Una exposición de Cantar de los Cantares).* (No se conocen más datos del libro).

Wurmbrand, Richard *The Sweetest Song (La canción más dulce).* Basingtoke, Hants RG23, 7LP, UK: Mashall Morgan y Scott Publications Ltd., 1988)

el

Para más información:

Neil and Jamie Lash
Jewish Jewels
P.O. Box 450550
Ft. Lauderdale, Fl 33345-0550
1-800-2YESHUA
www.jewishjewels.org